AF619050

Helga Paris
Leipzig Hauptbahnhof 1981/82

Leipzig Hauptbahnhof 1981/82

Helga Paris

Spector Books

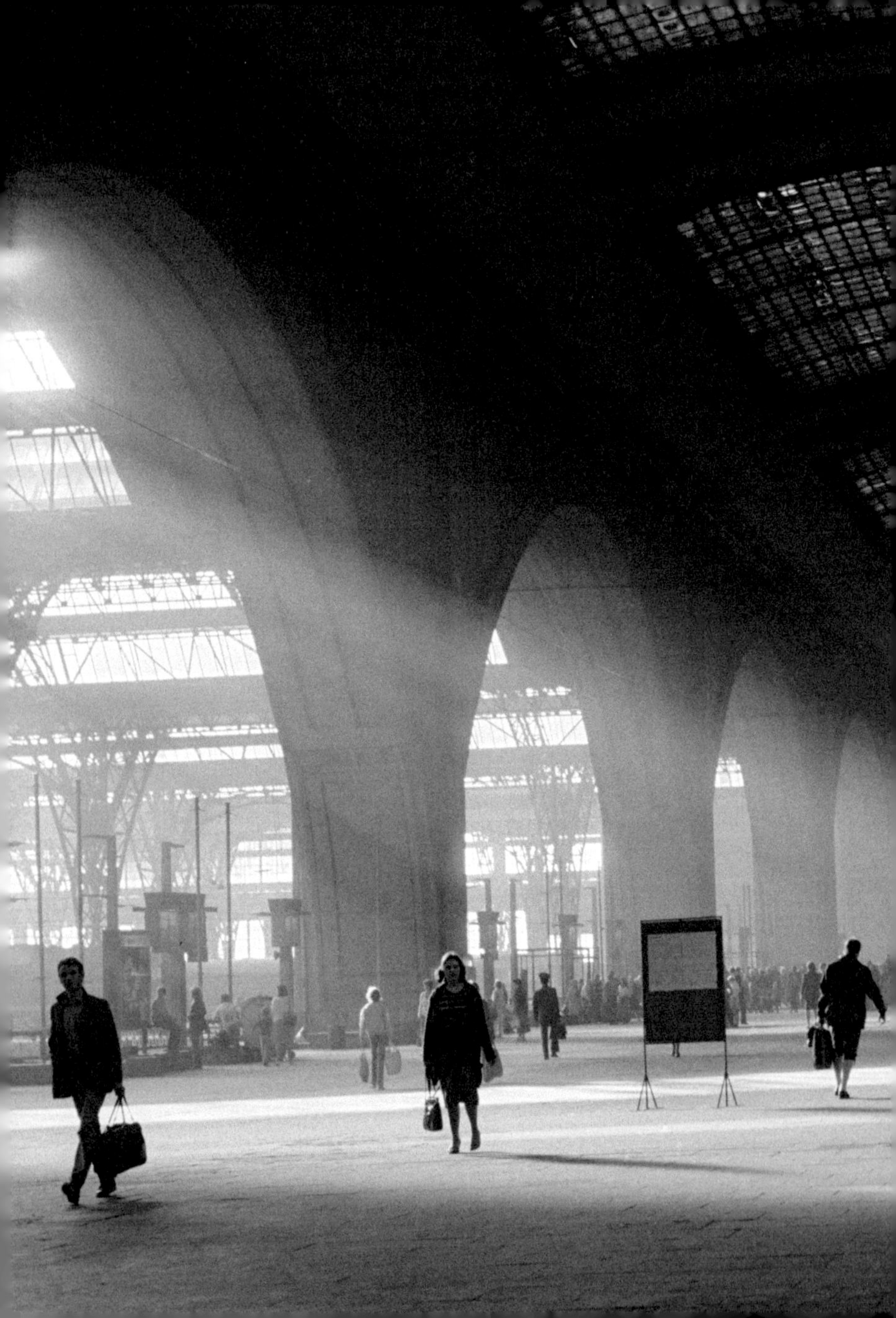

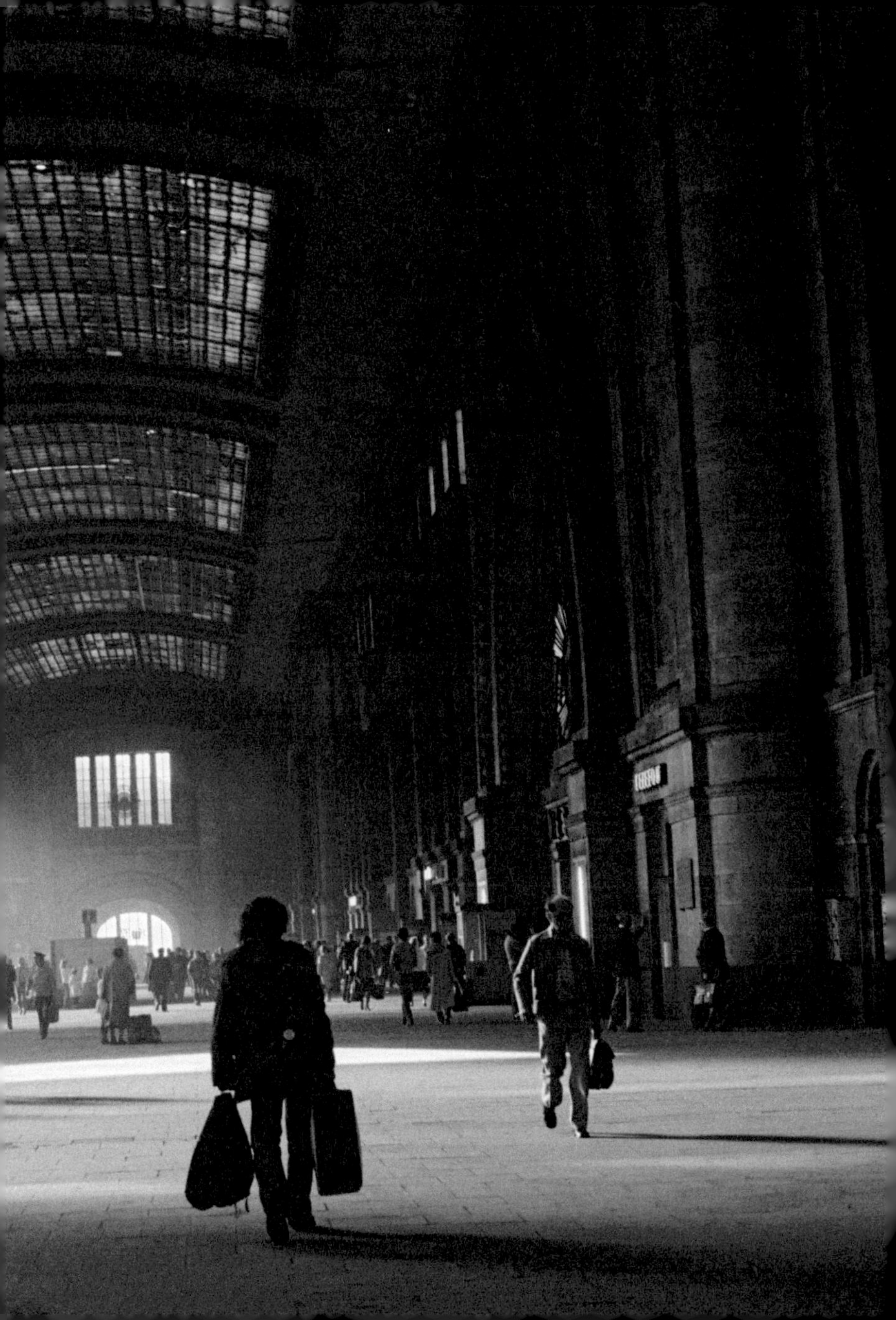

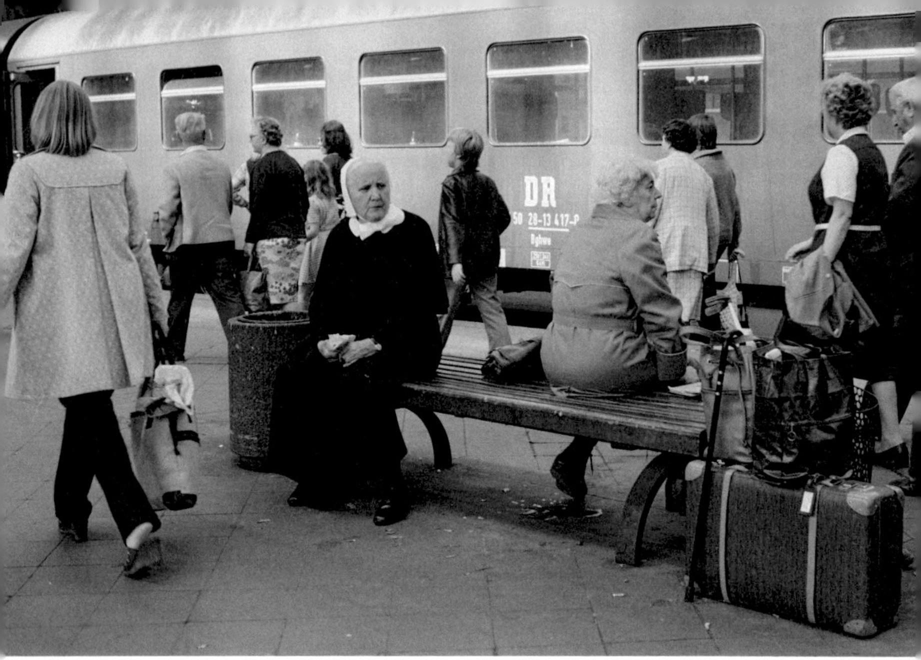

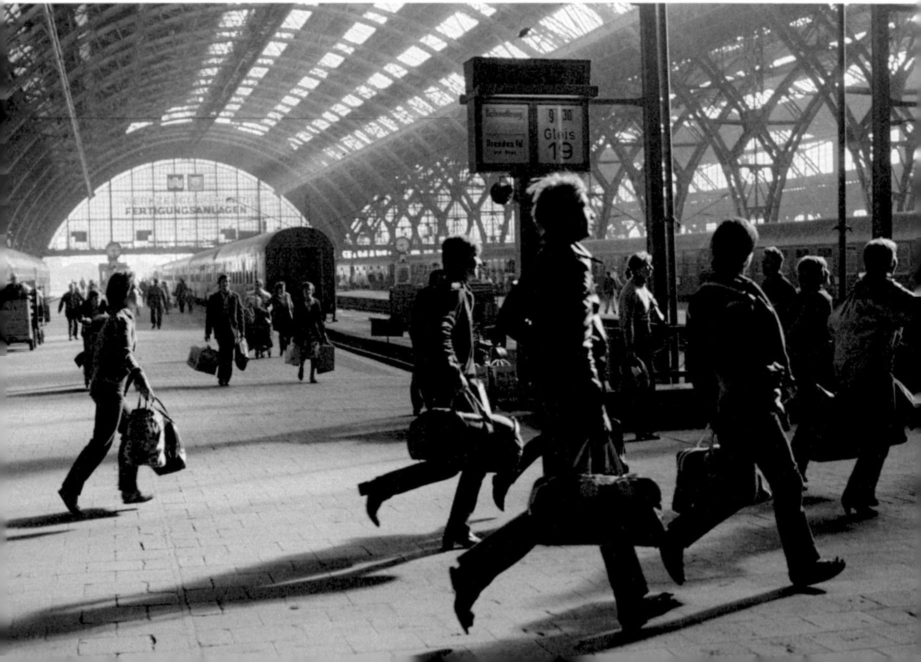

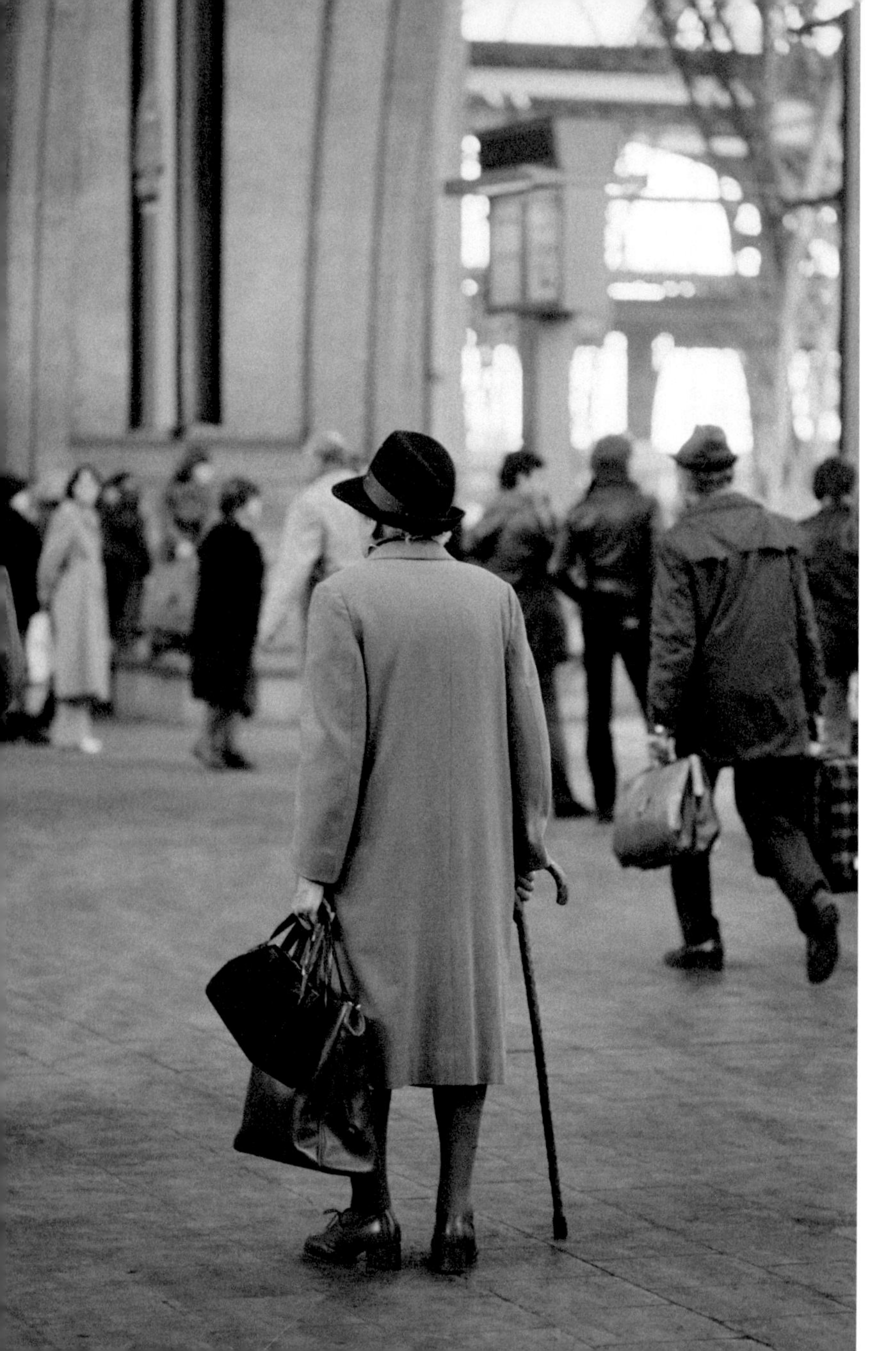

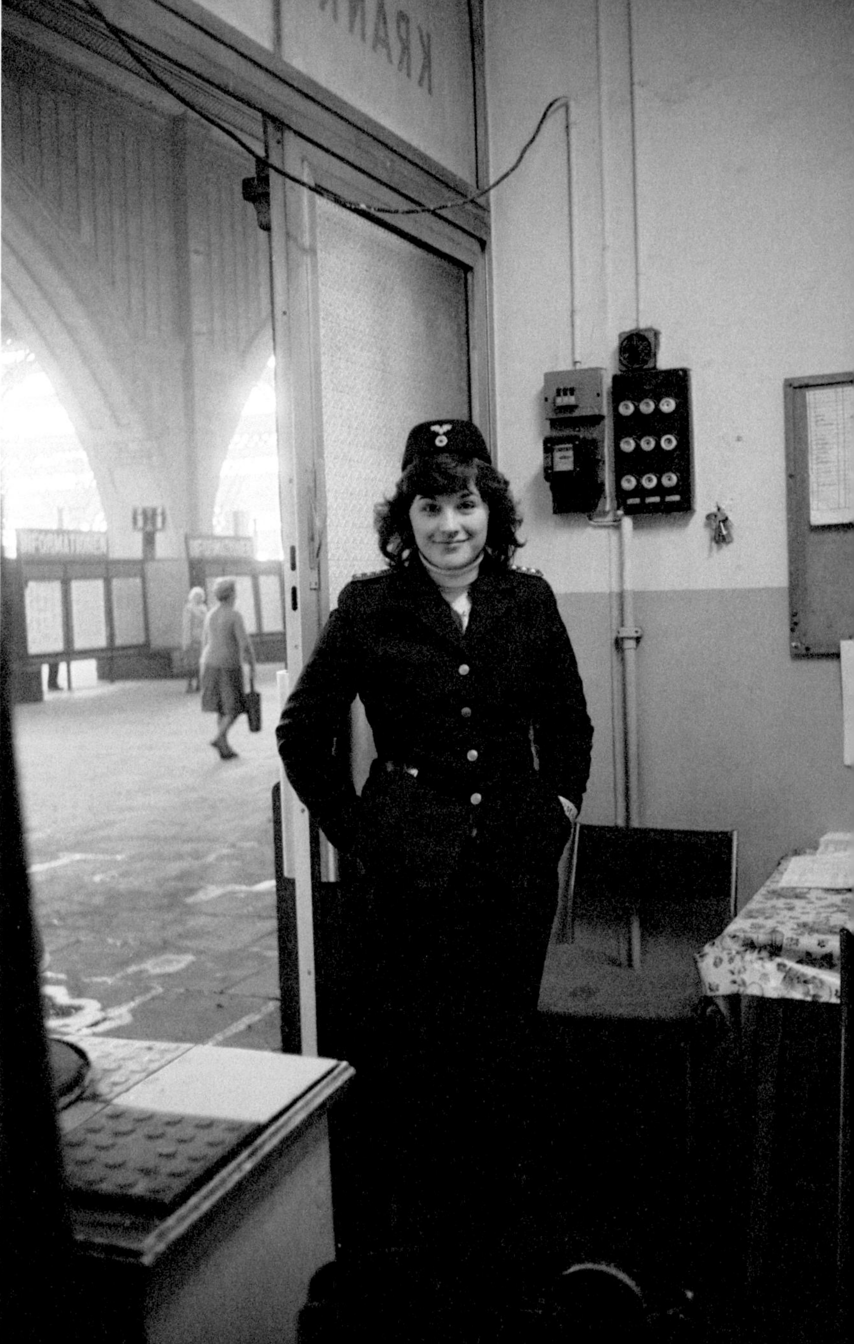

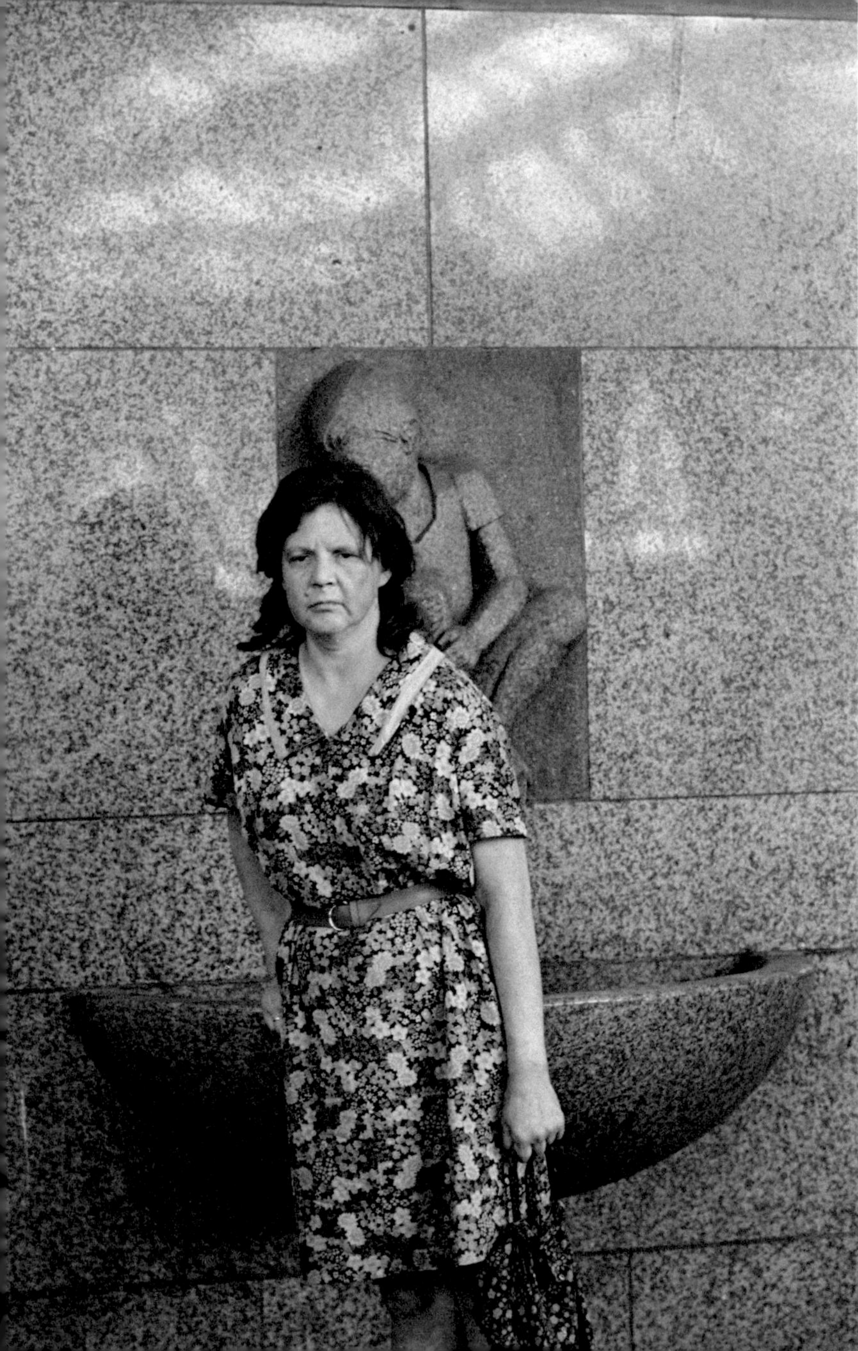

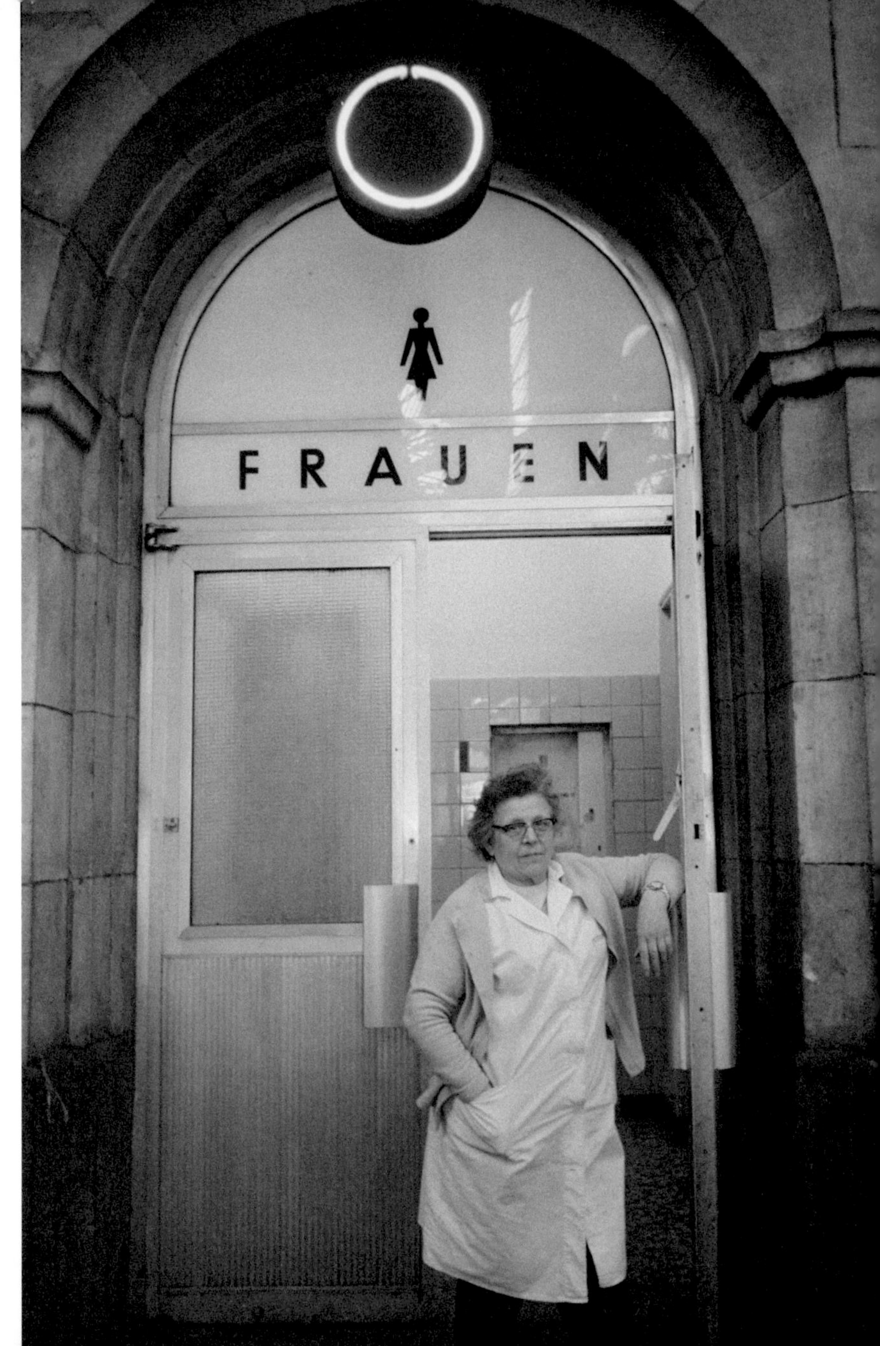
FRAUEN

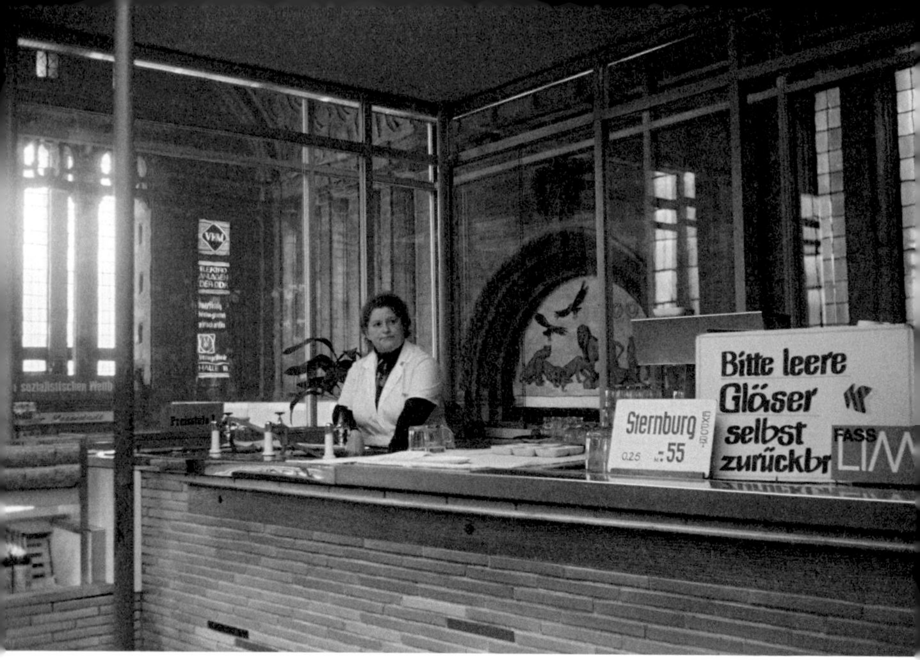

Bitte leere
Gläser
selbst
zurückbr
Sternburg
0,25
55
FASS
LIM

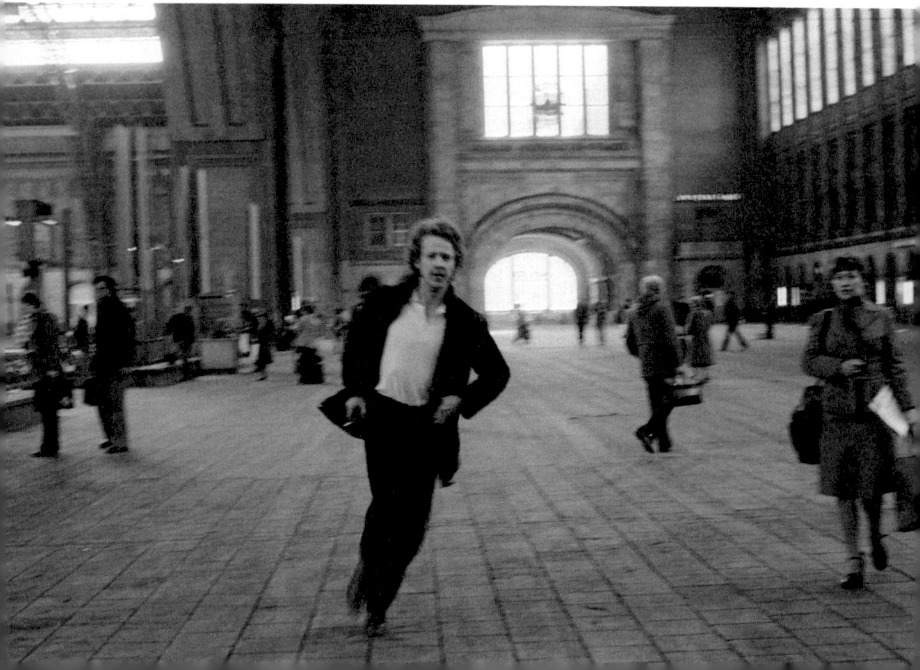

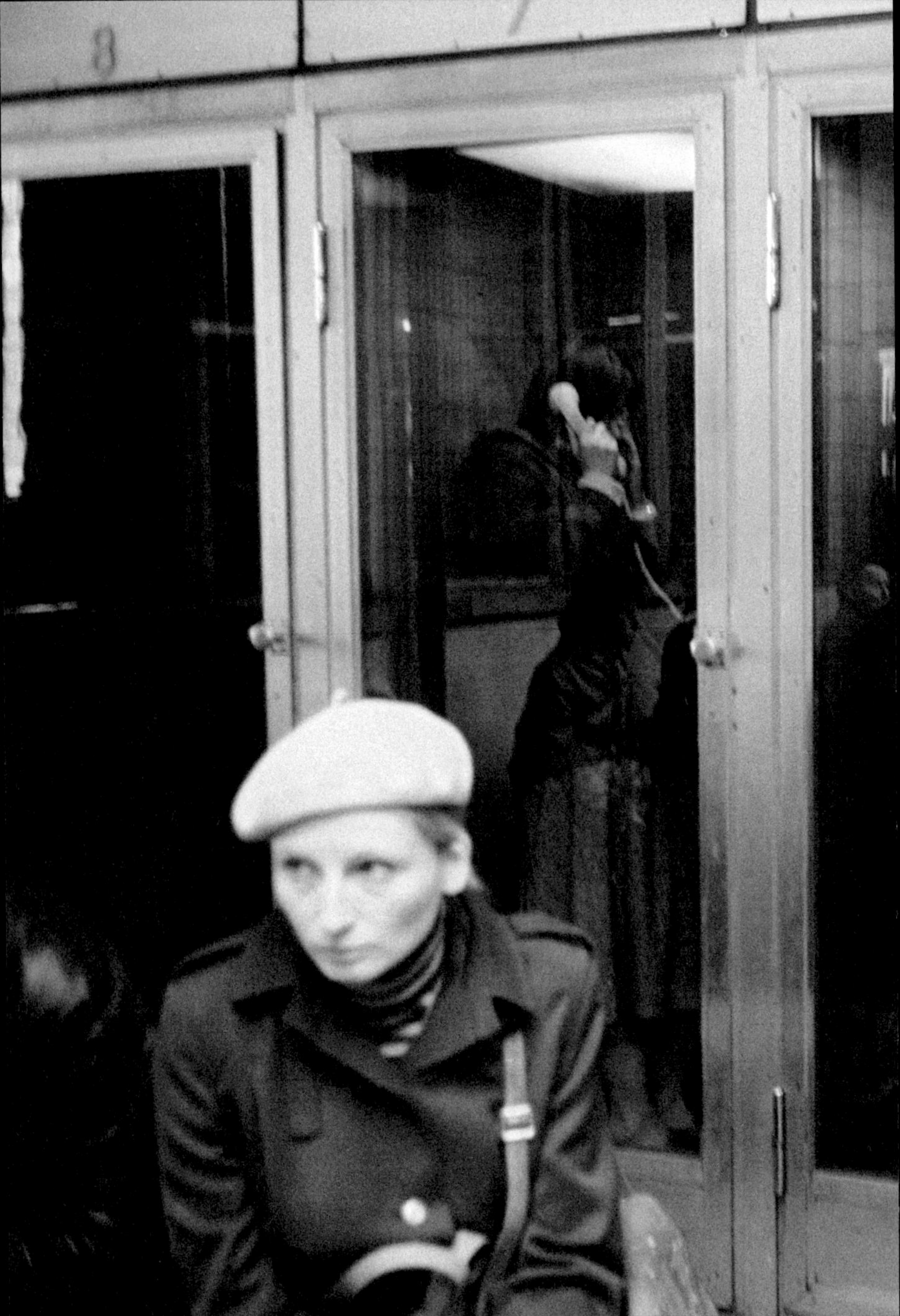

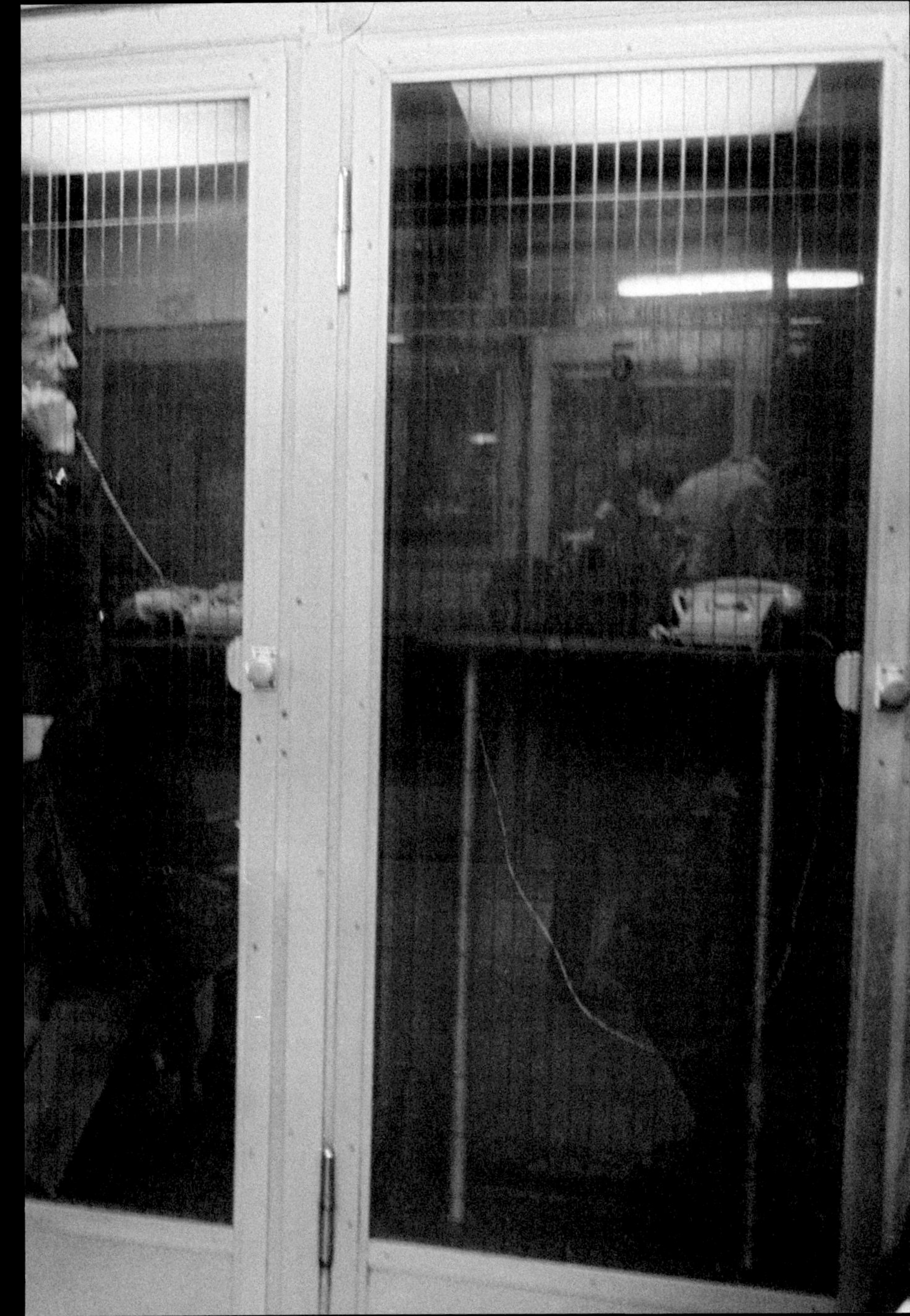

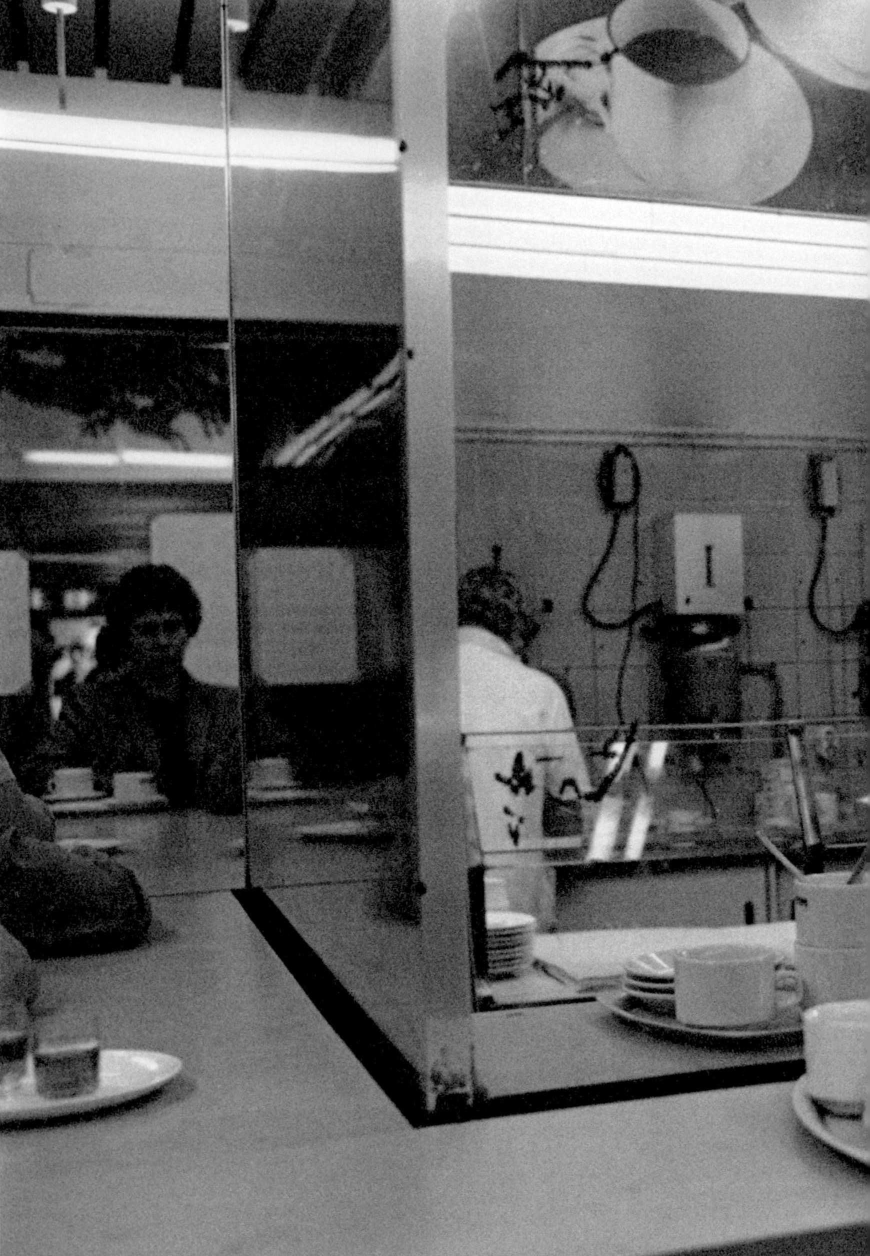

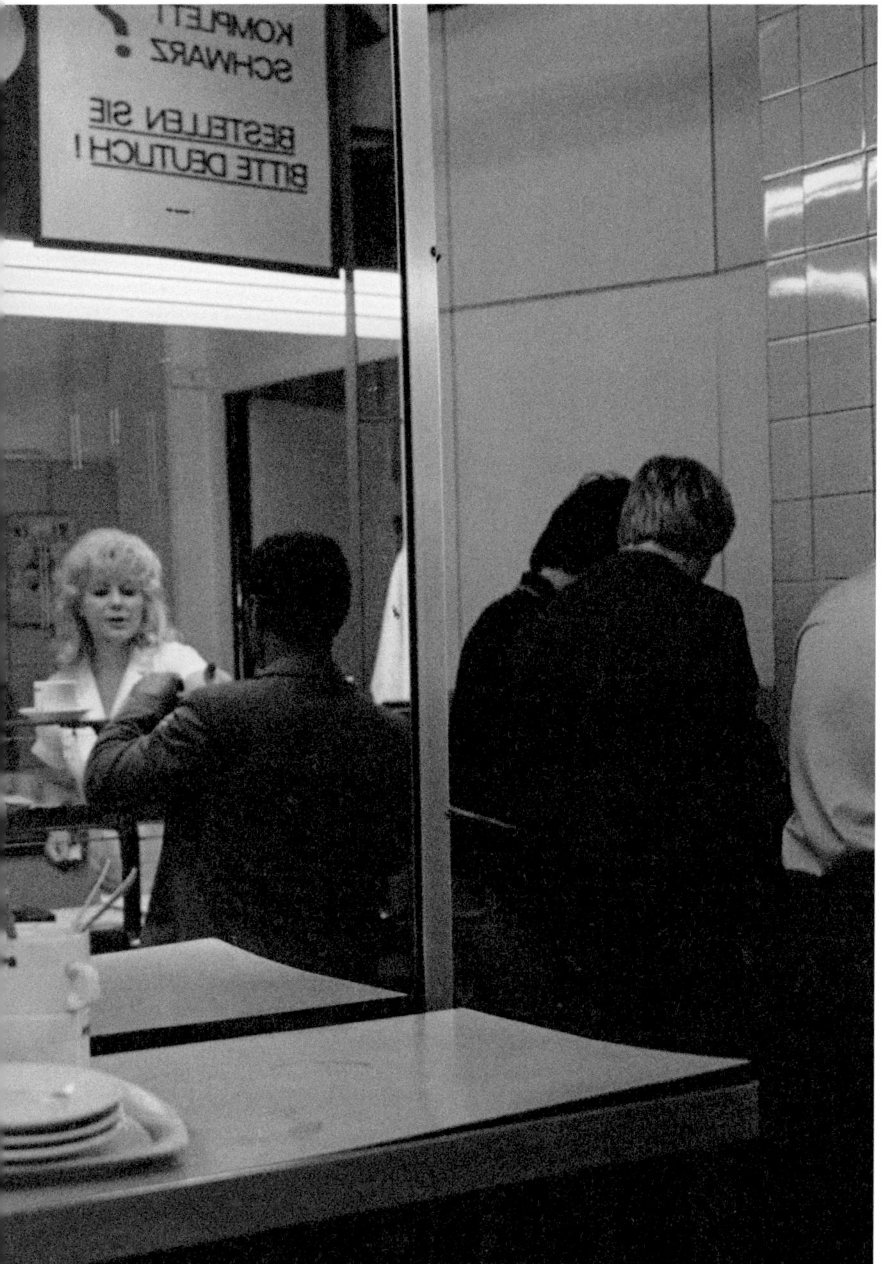
KOMPLETT
SCHWARZ
BESTELLEN SIE
BITTE DEUTLICH !

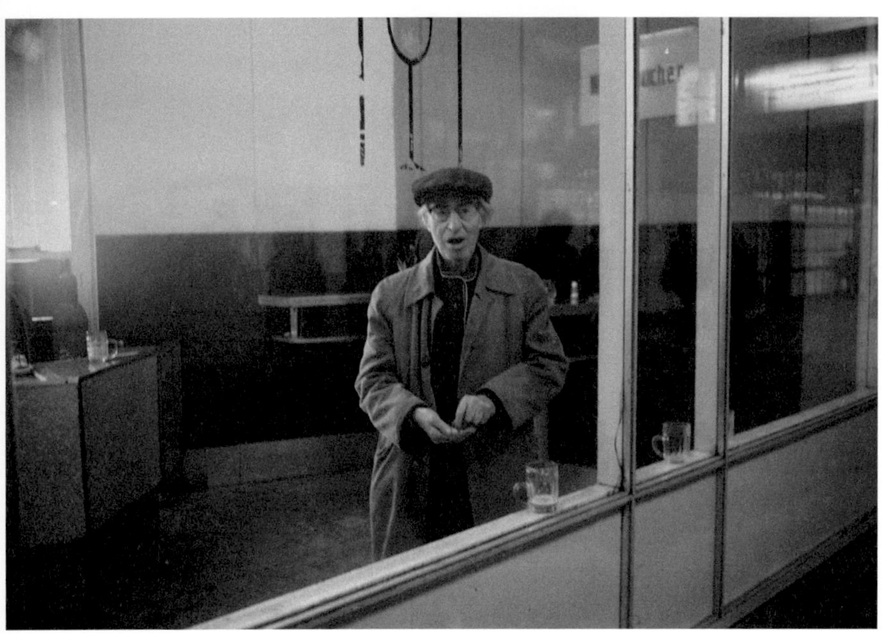

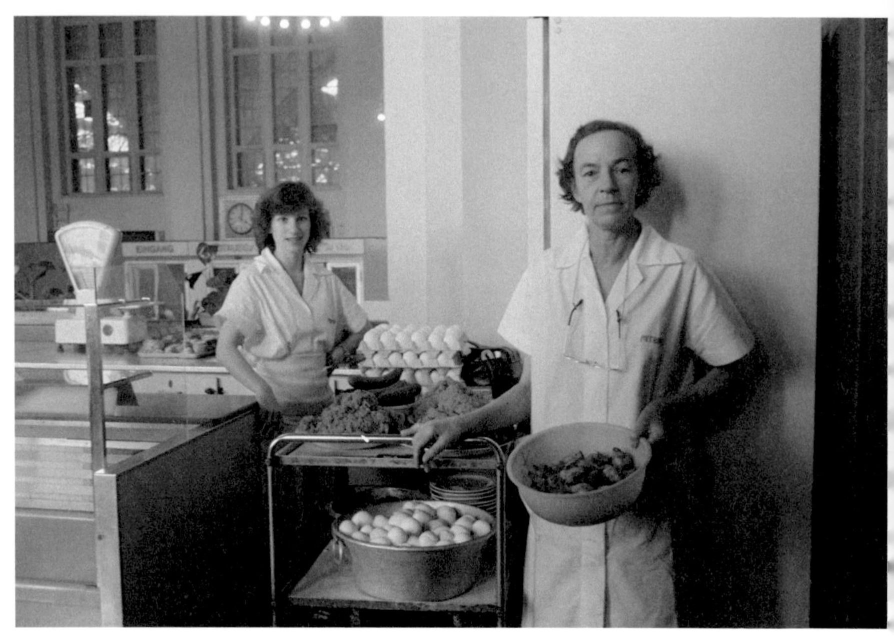
EINGANG

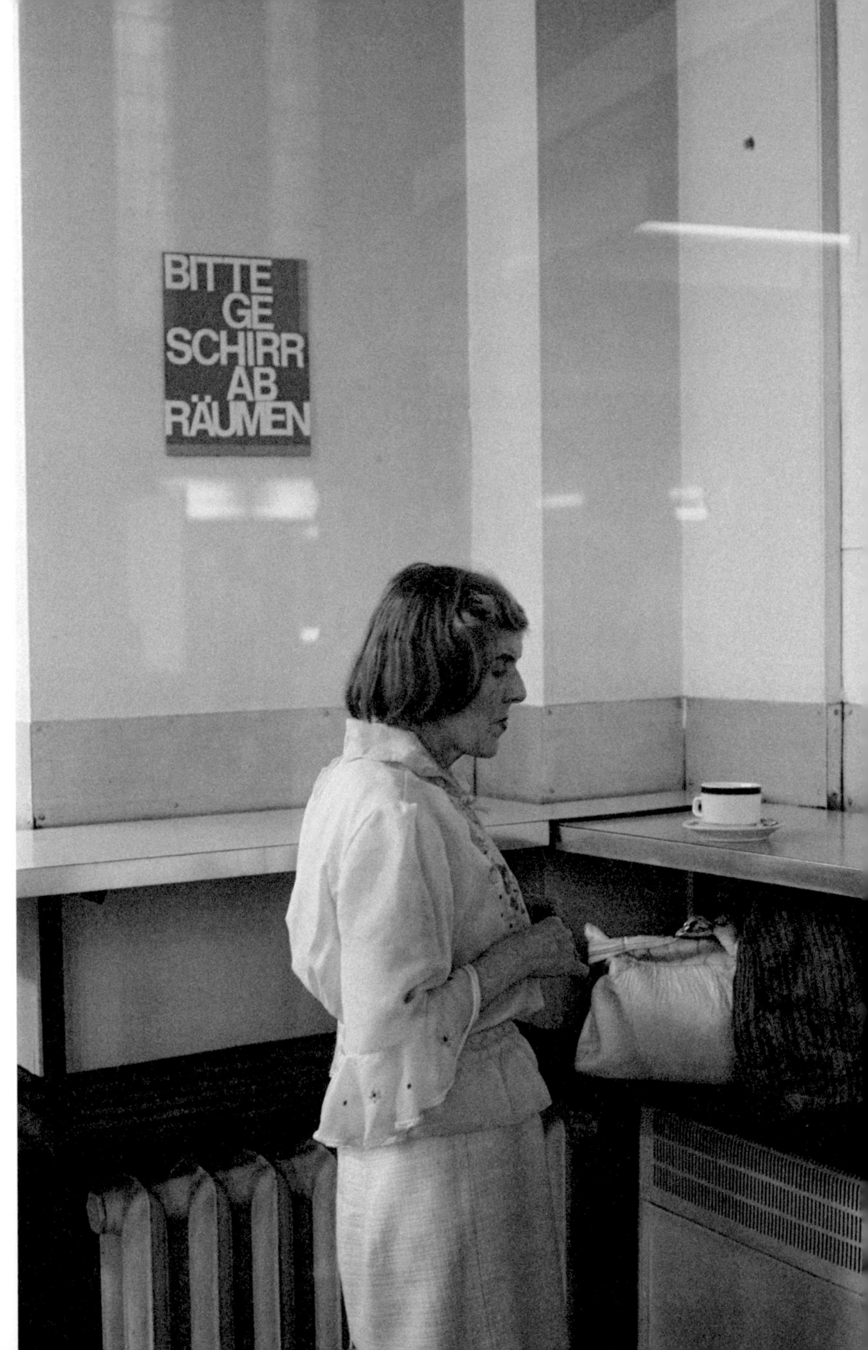
BITTE
GE
SCHIRR
AB
RÄUMEN

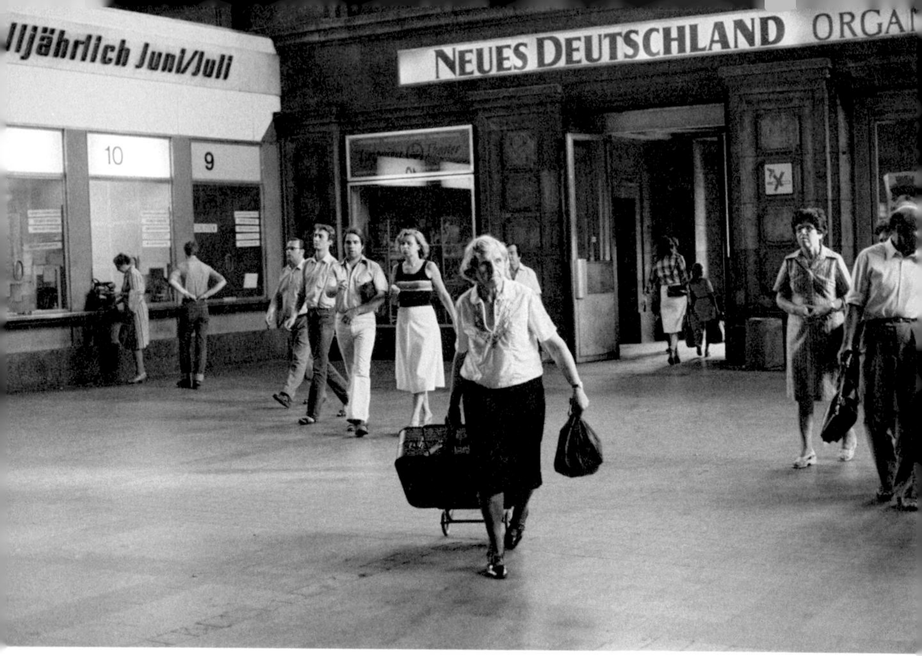

NEUES DEUTSCHLAND
10
9

EINGANG
NOTAUSGANG

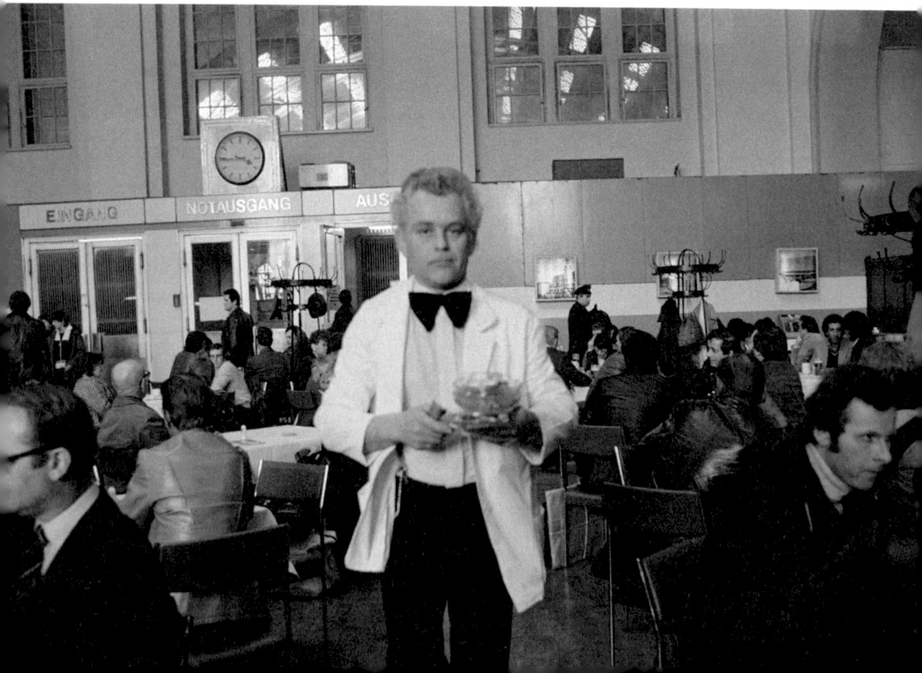

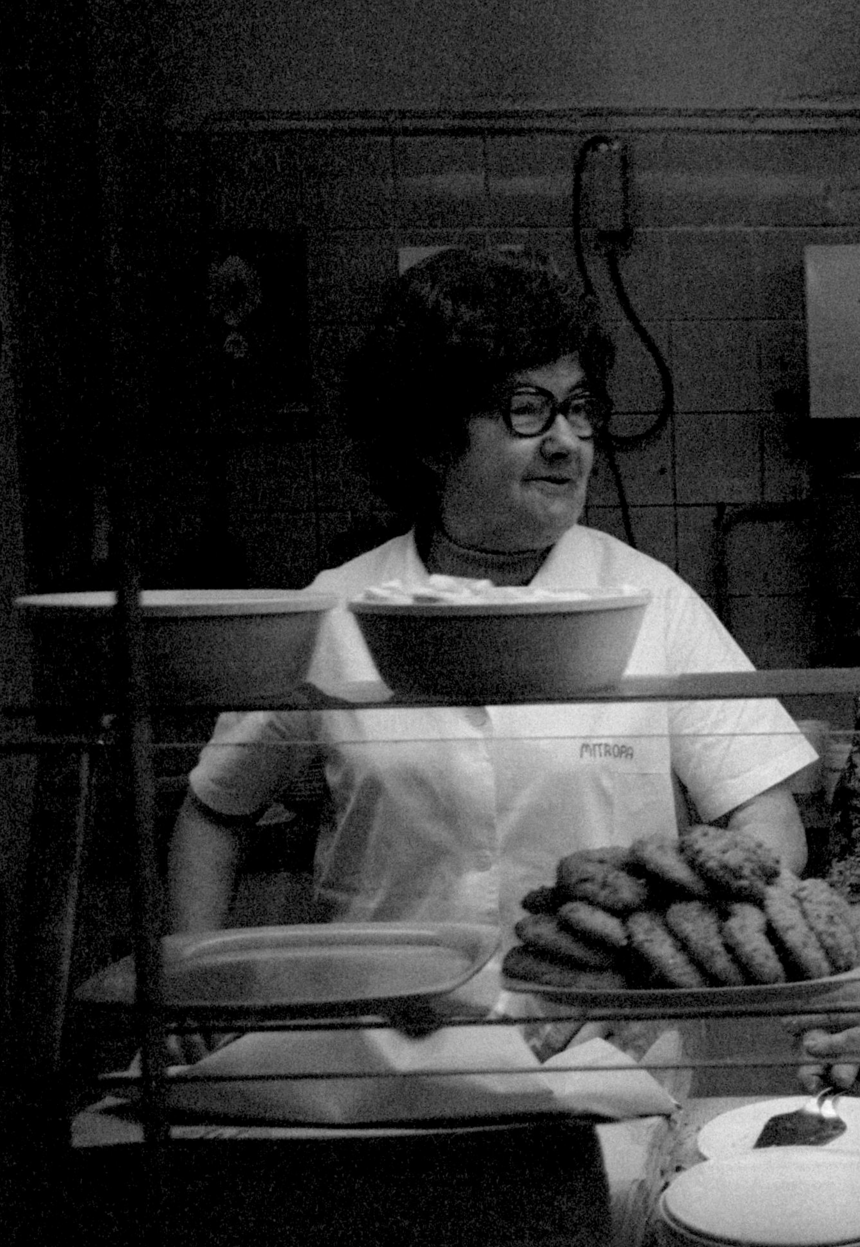
MITROPA

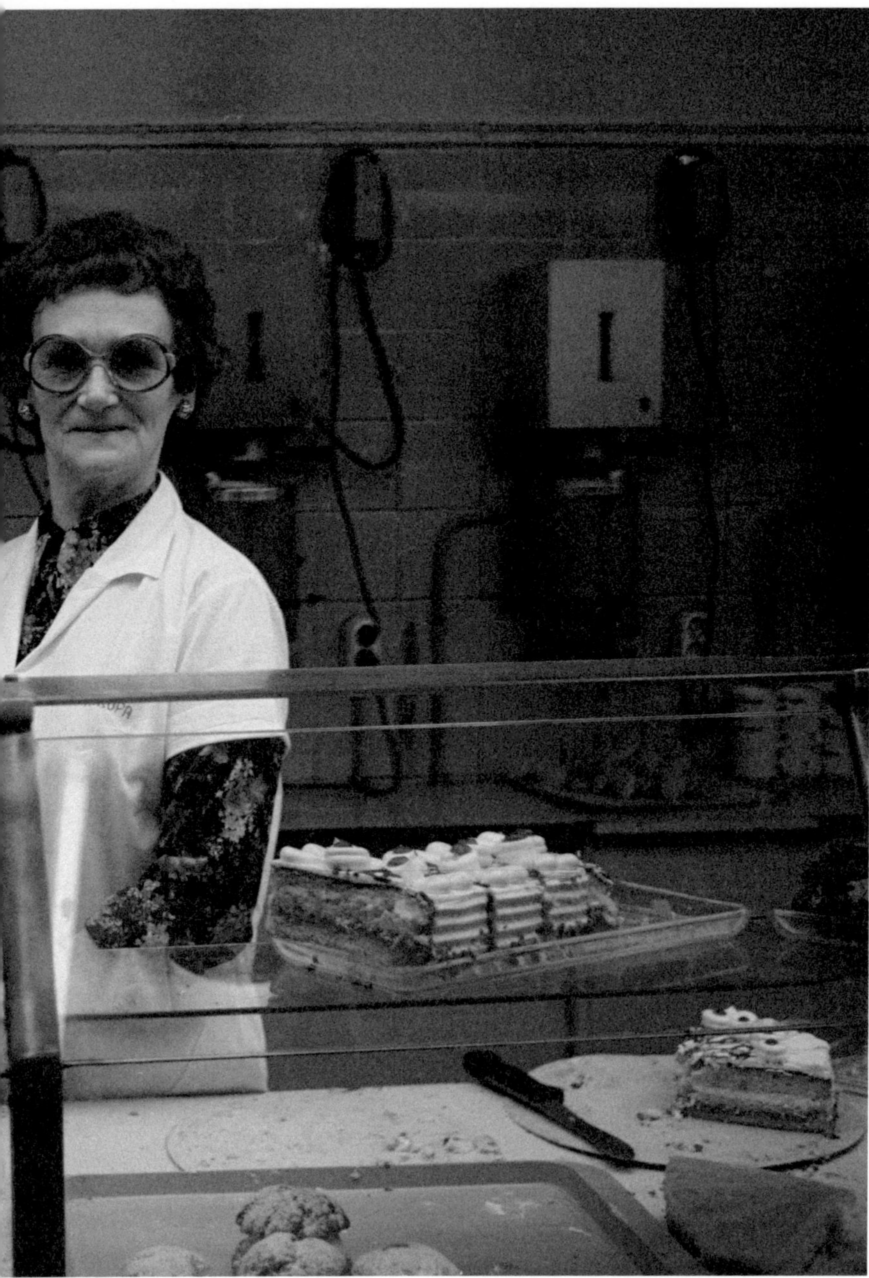

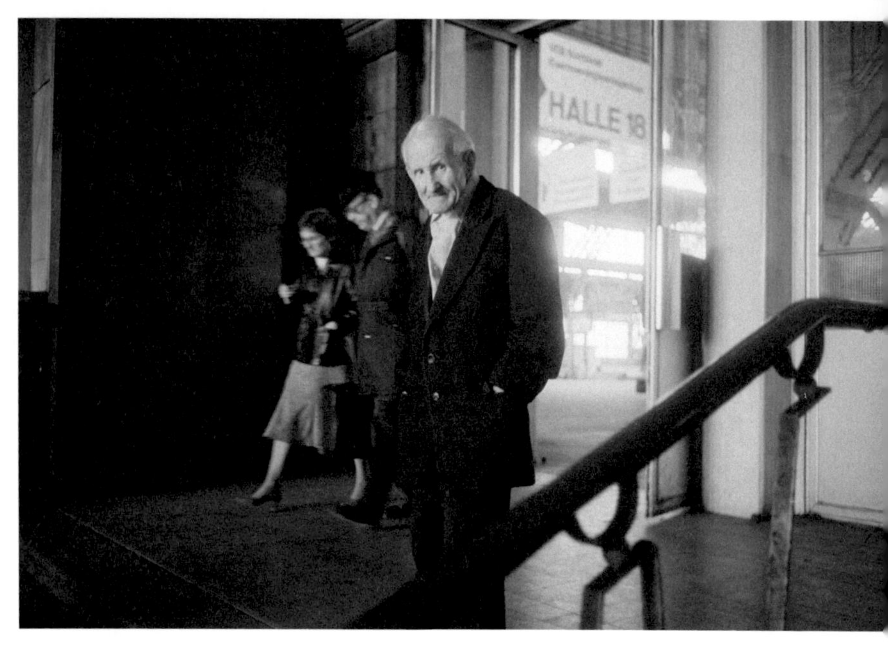
HALLE 18

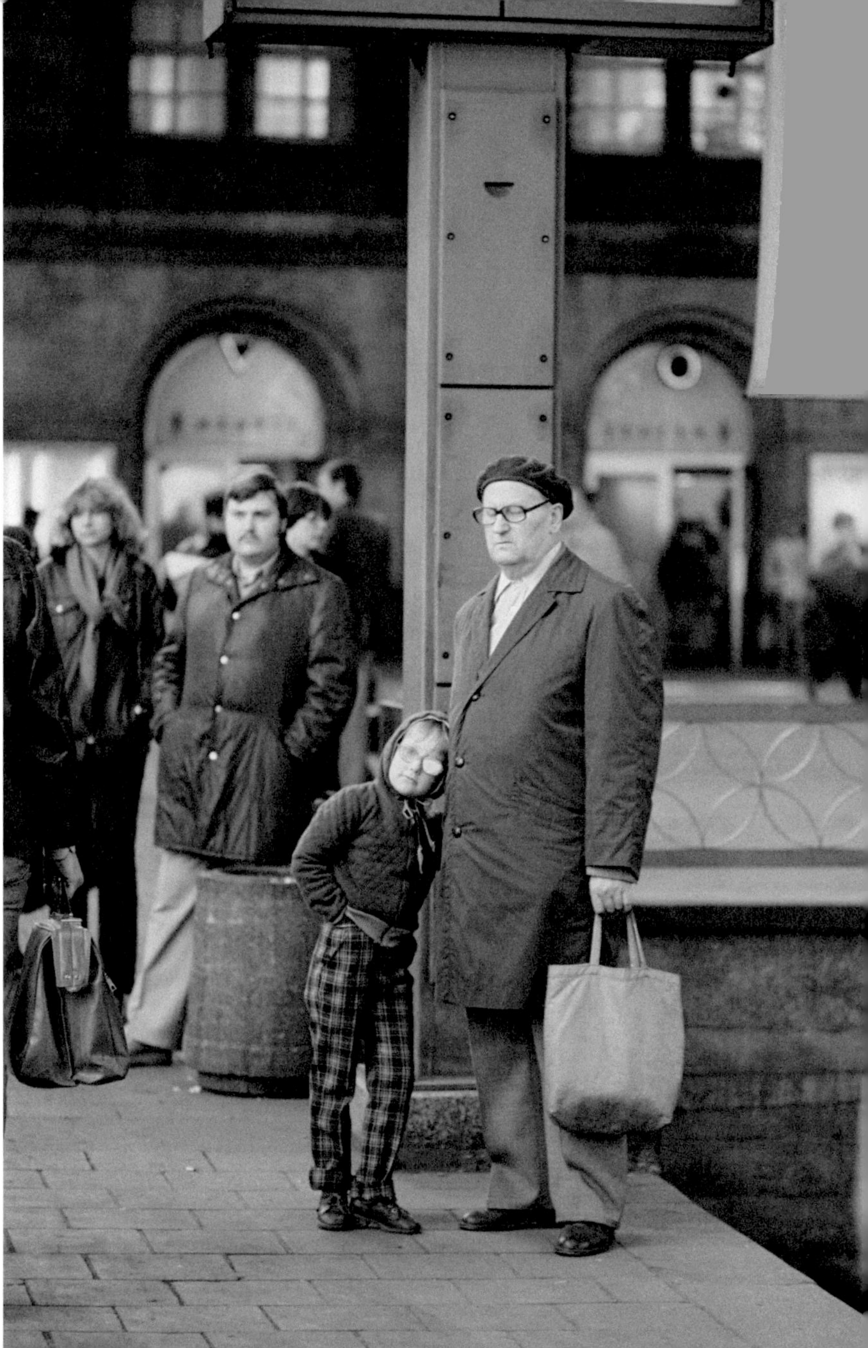

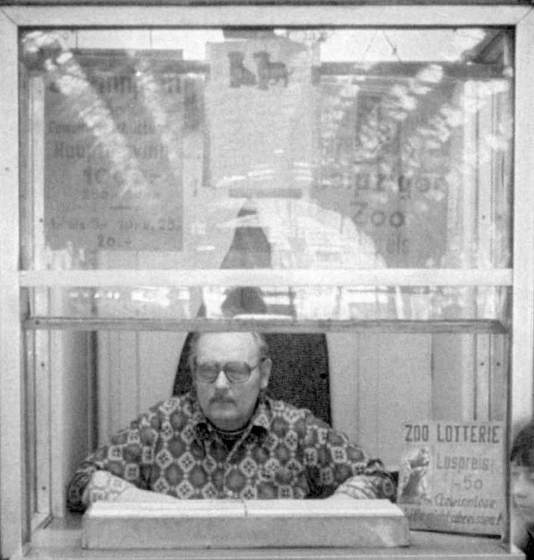
15 MINUTEN ZUM ZOO
ZOO-LOTTERIE
ZOO LOTTERIE
Lospreis
-,50
LOSPREIS
-,50 M

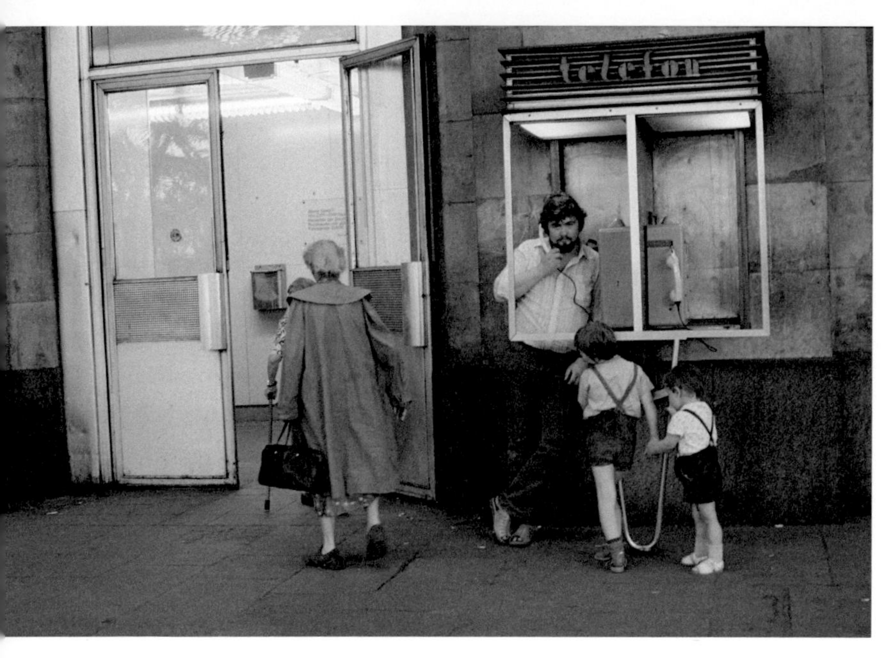
telefon

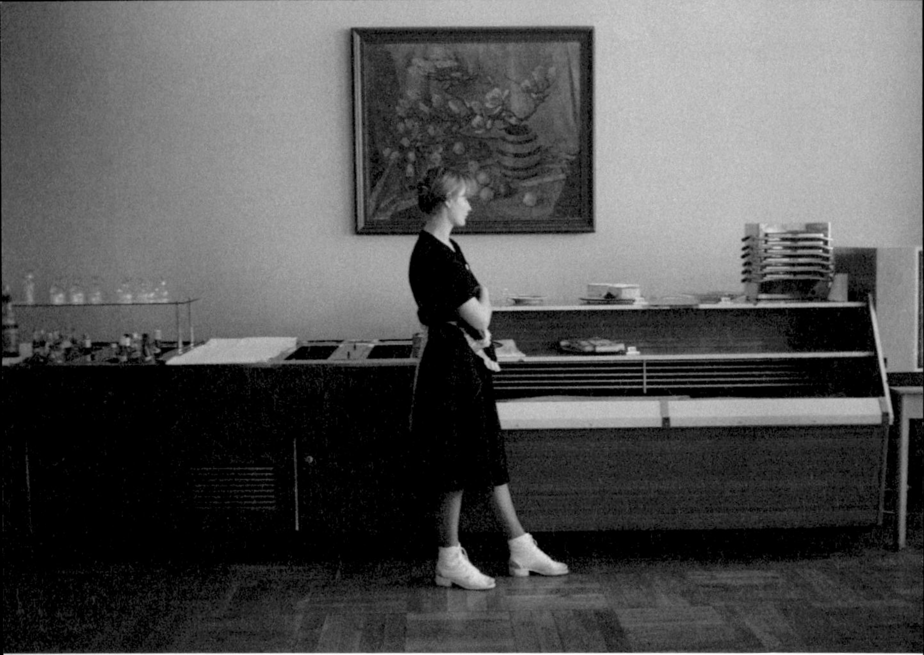

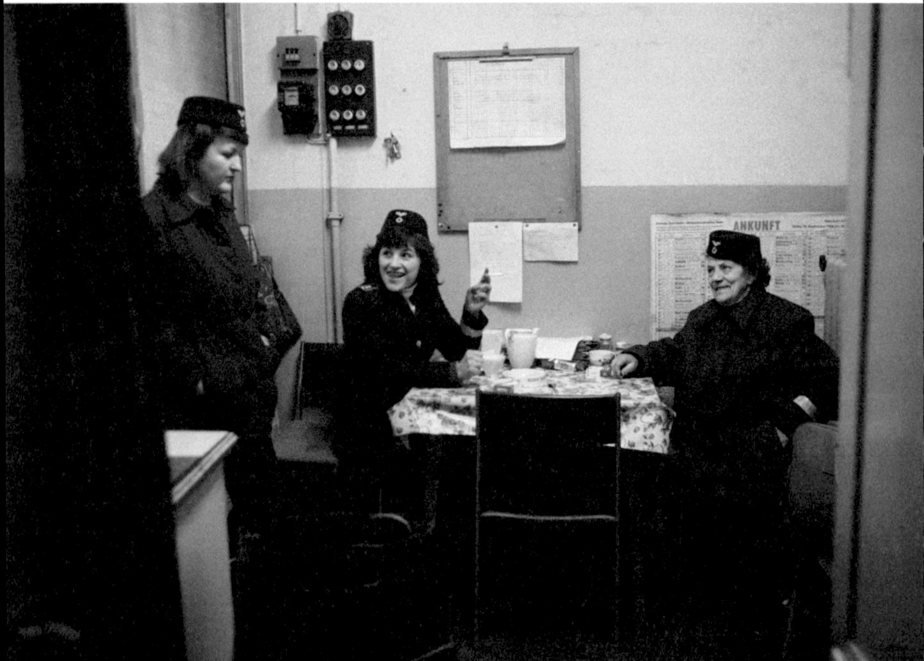

ANKUNFT

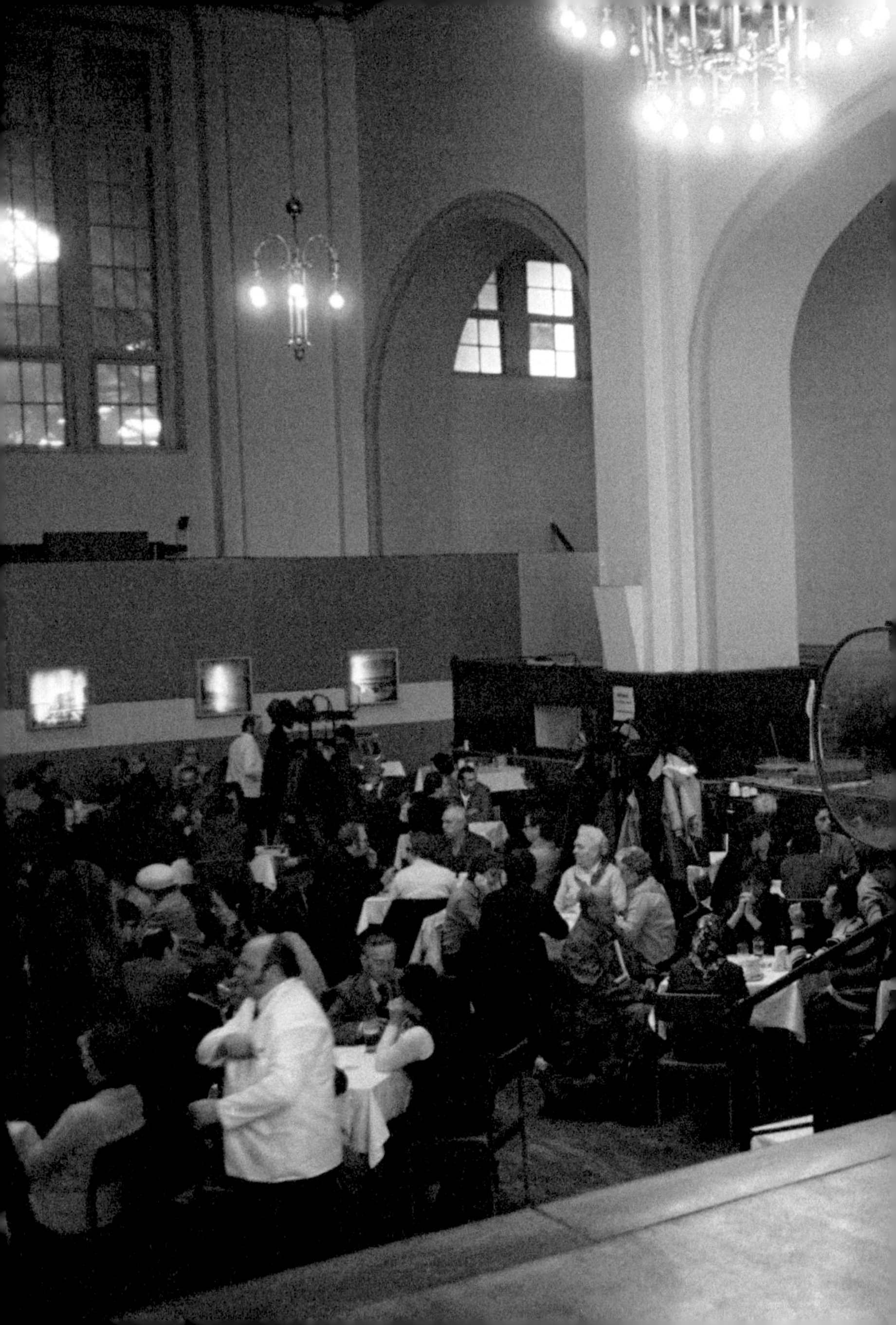

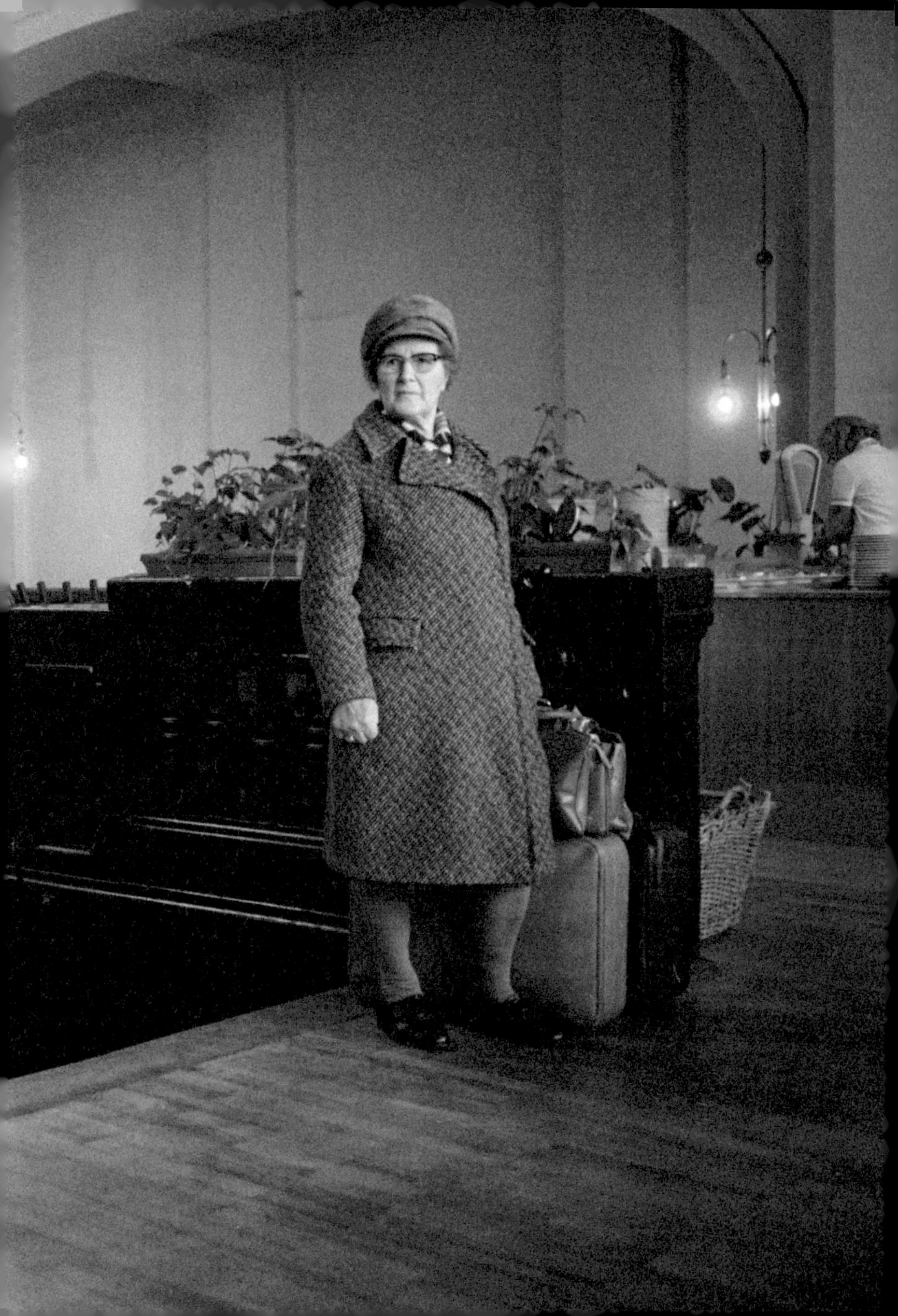

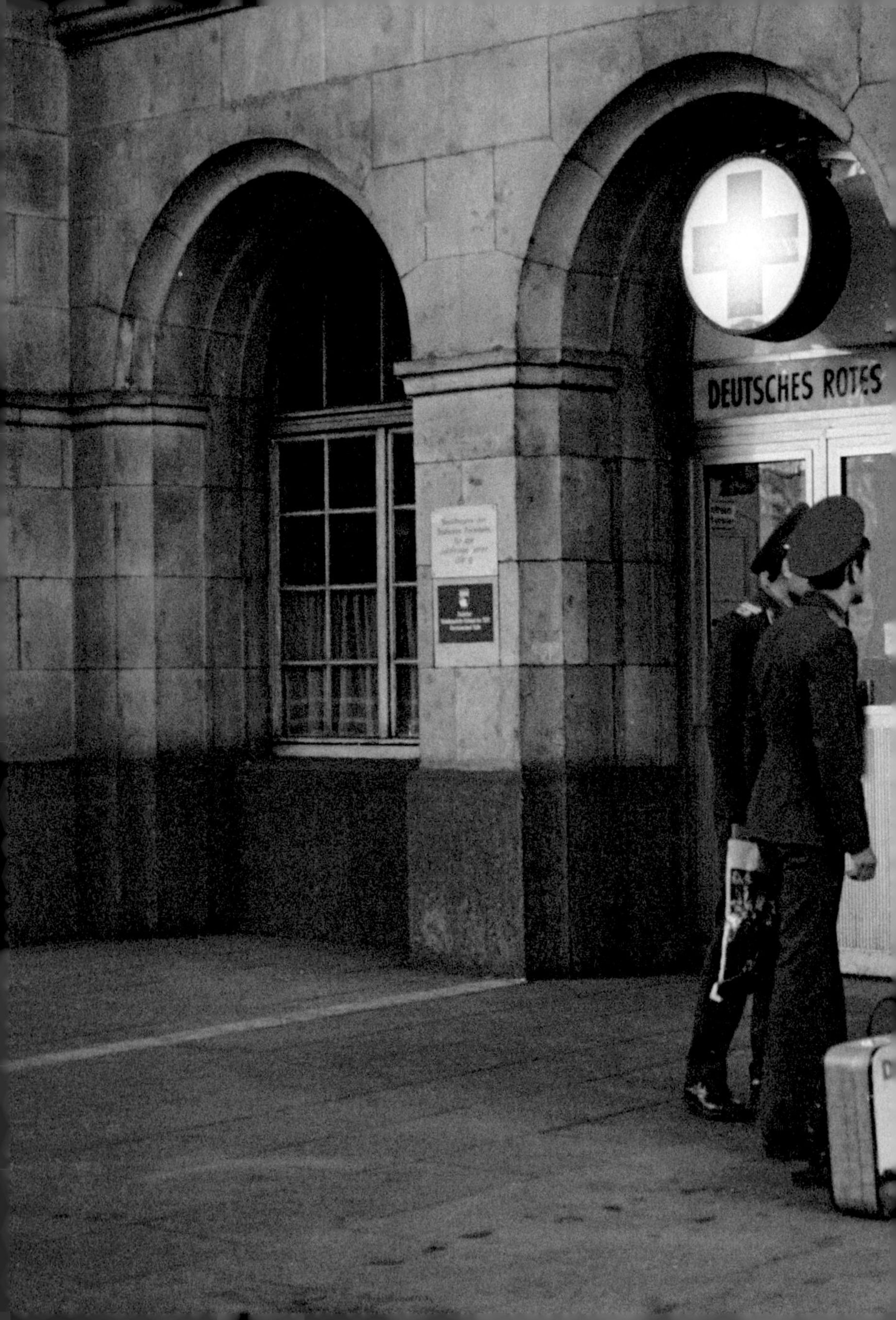
DEUTSCHES ROTES

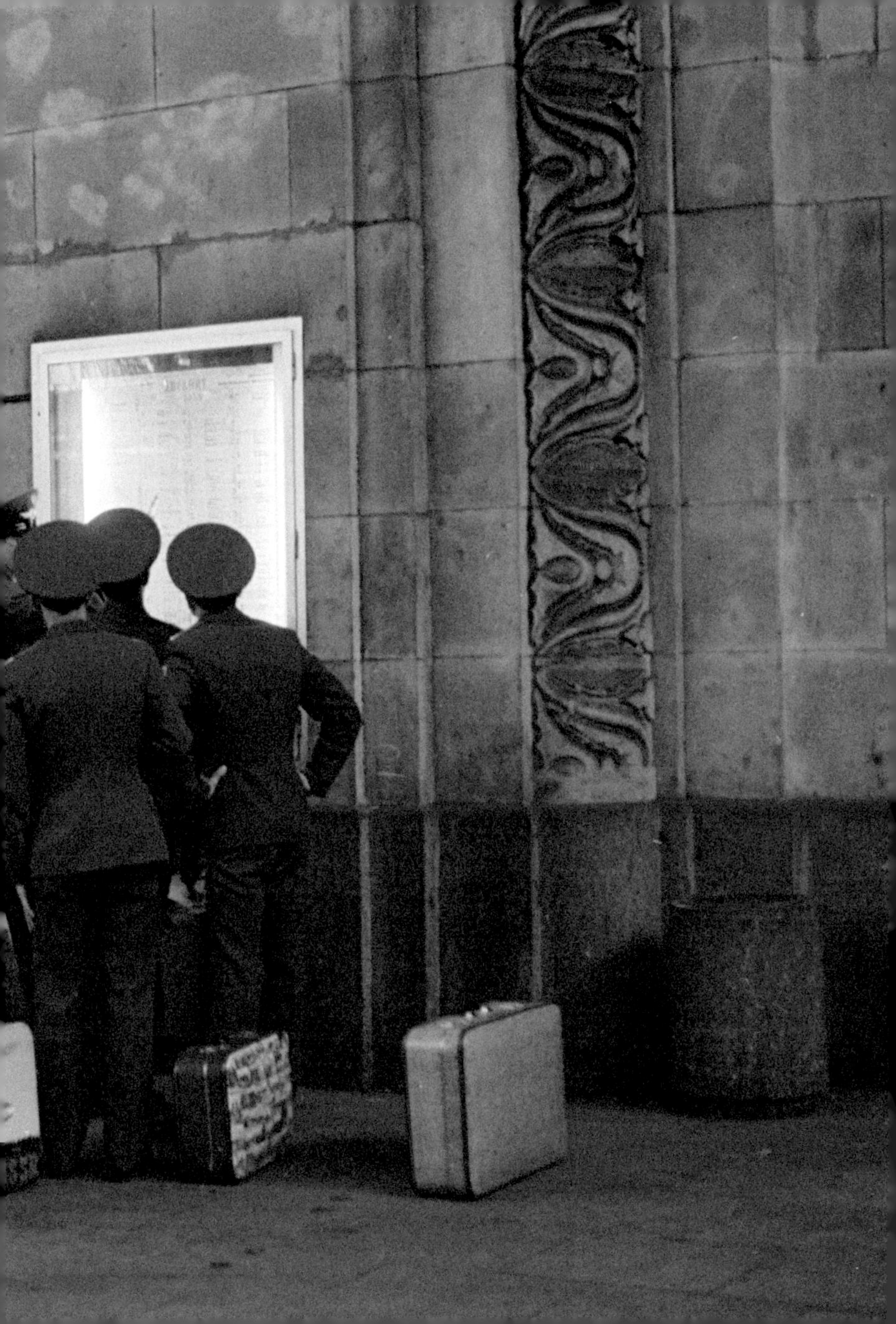

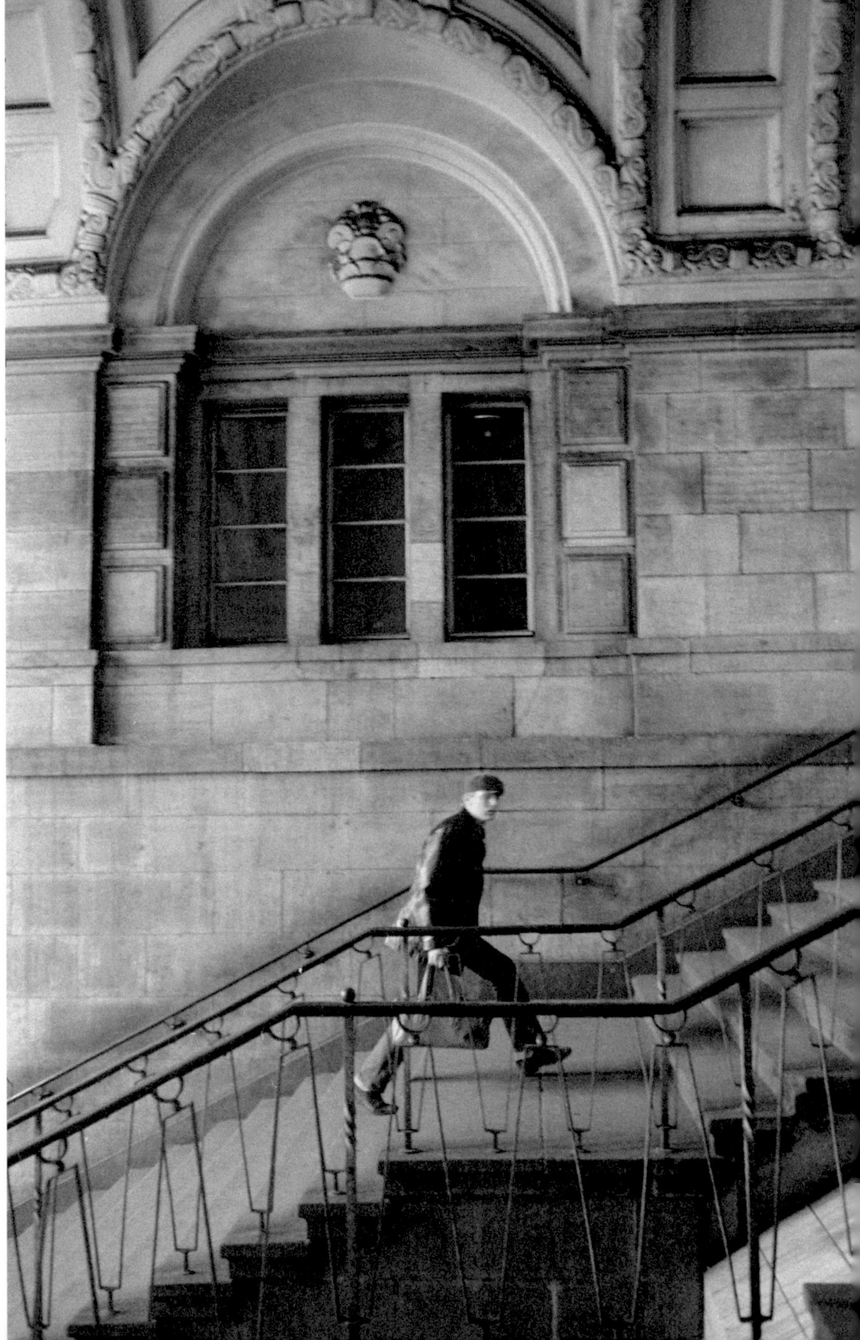

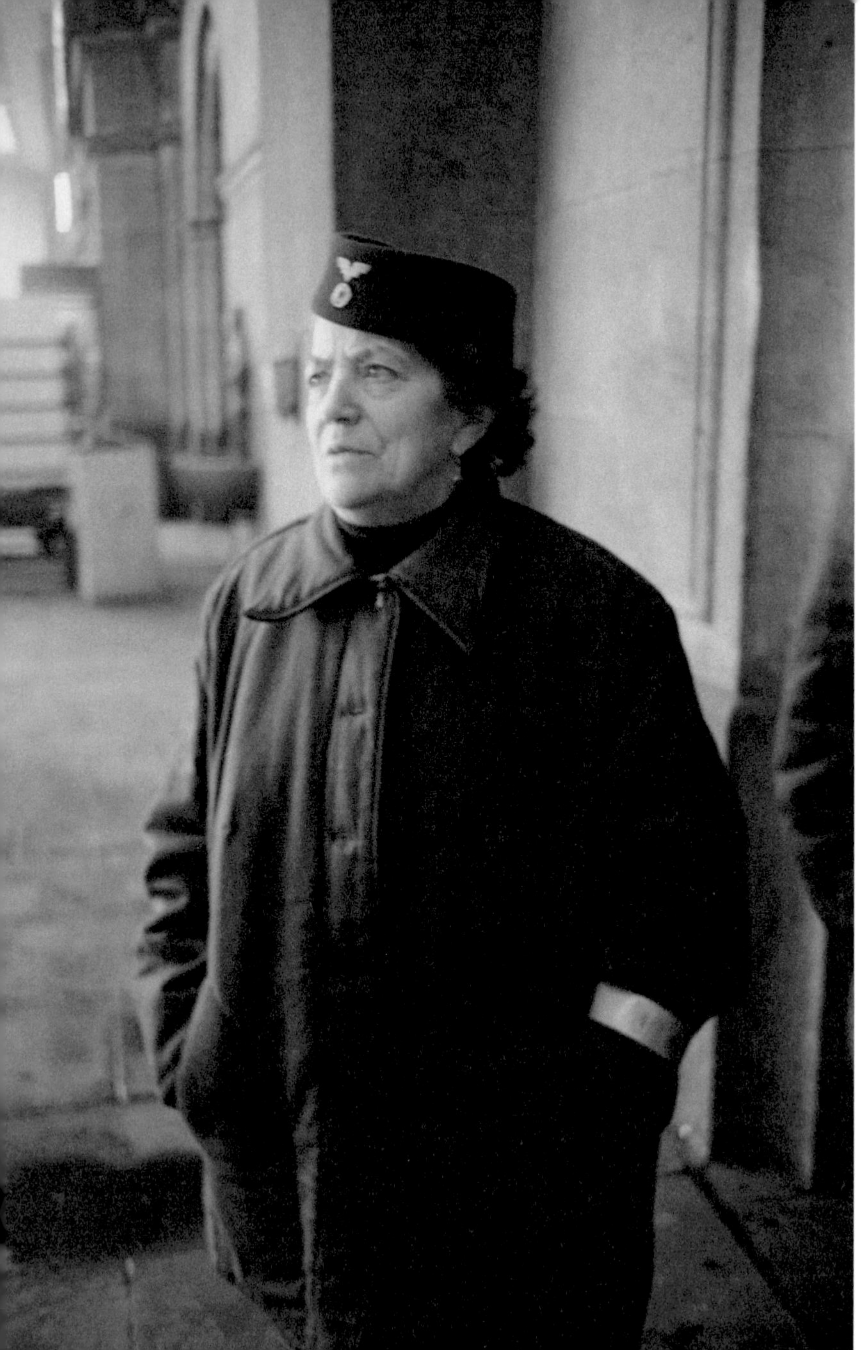

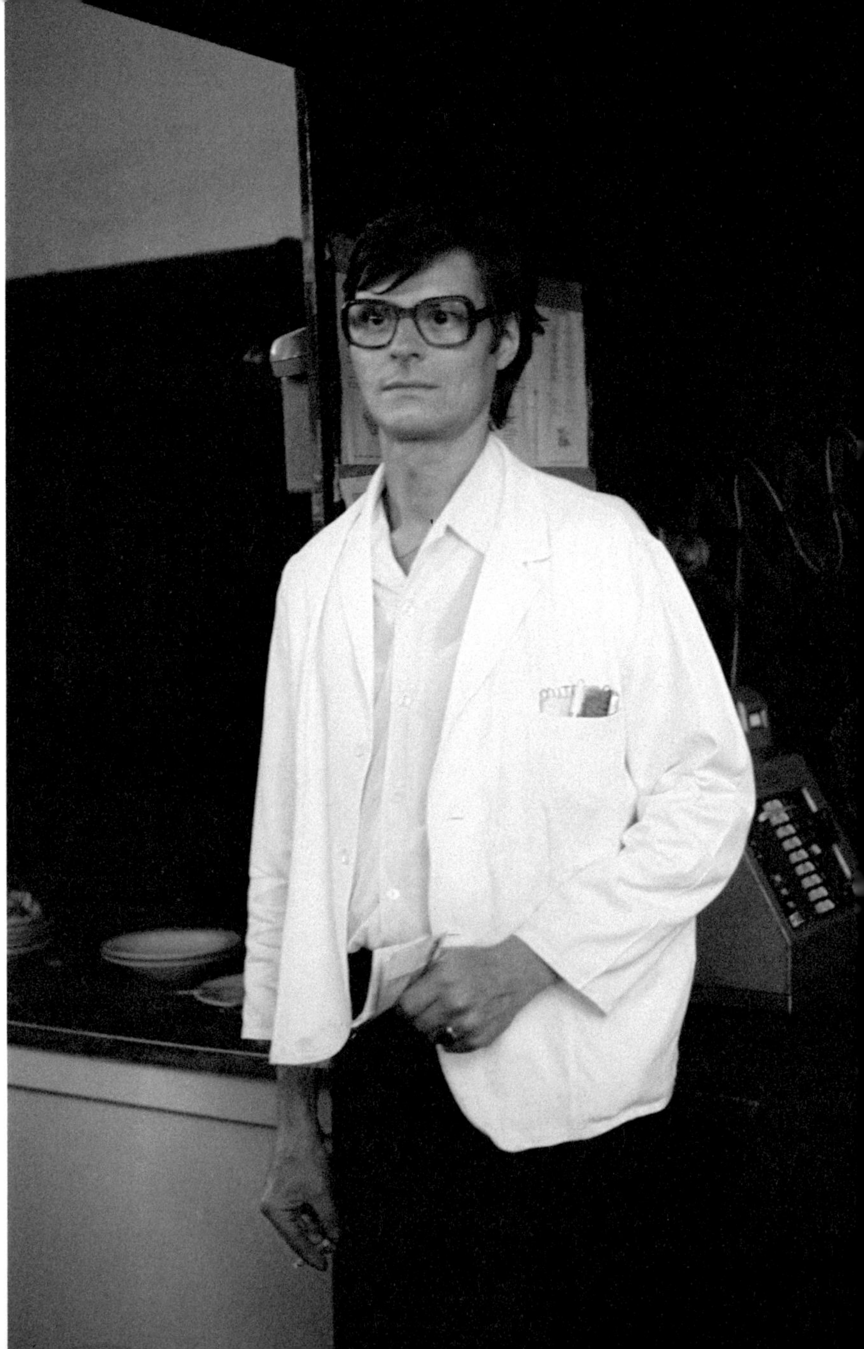

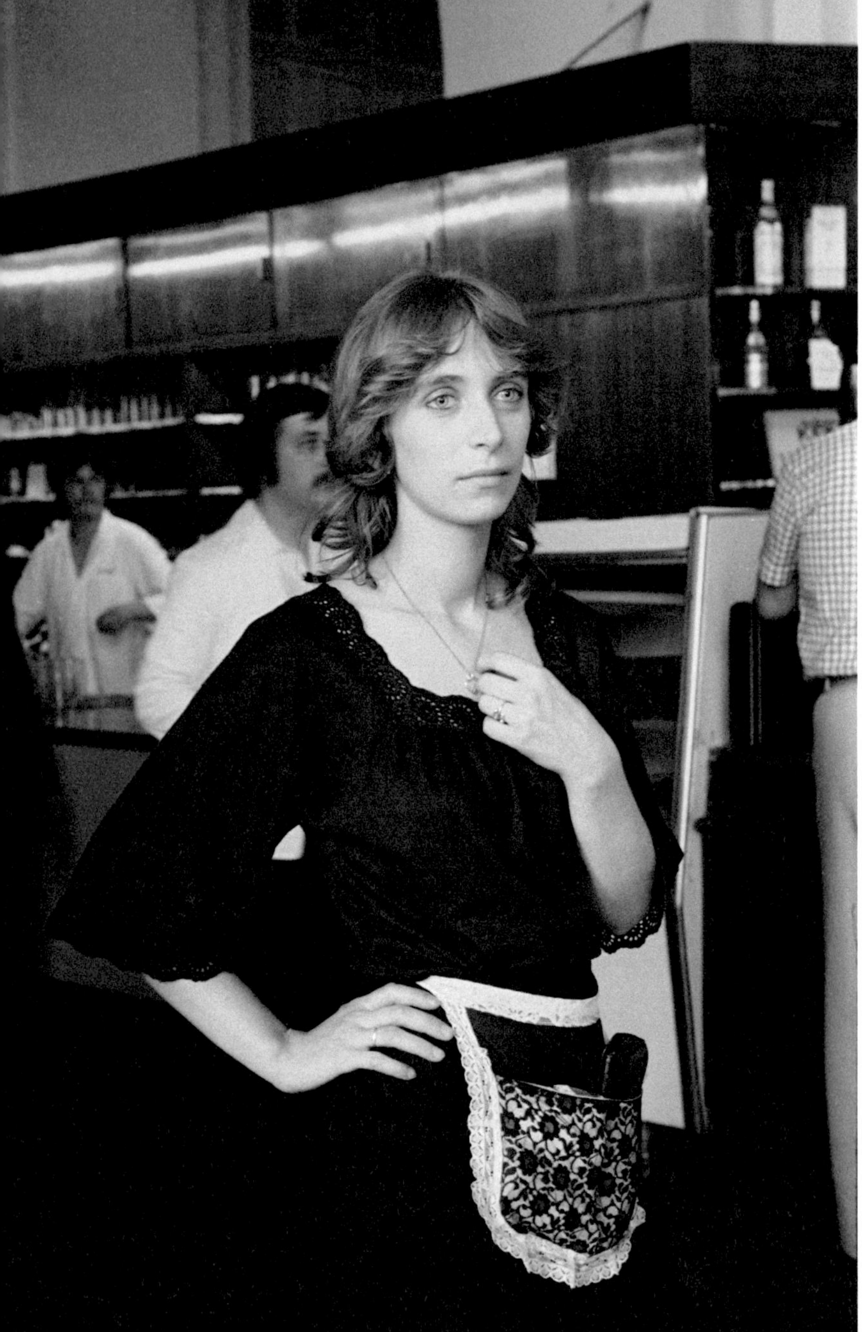

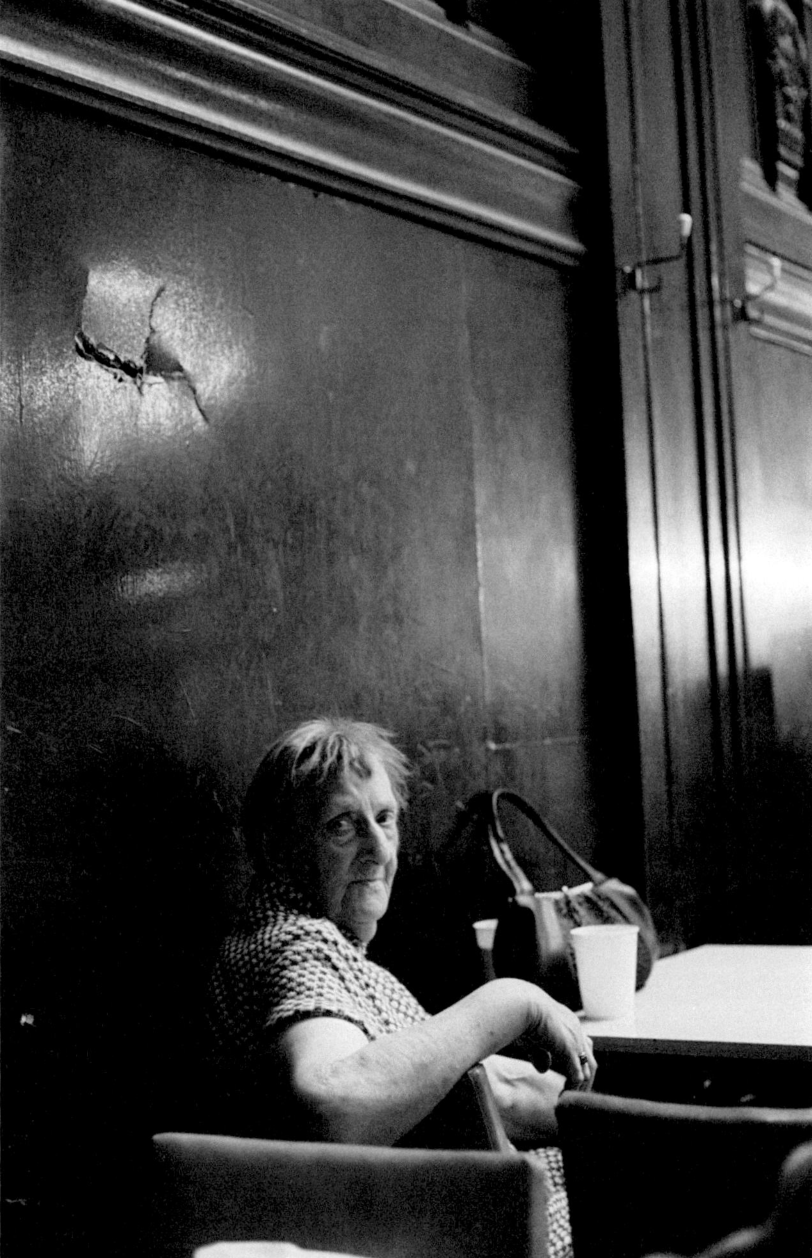

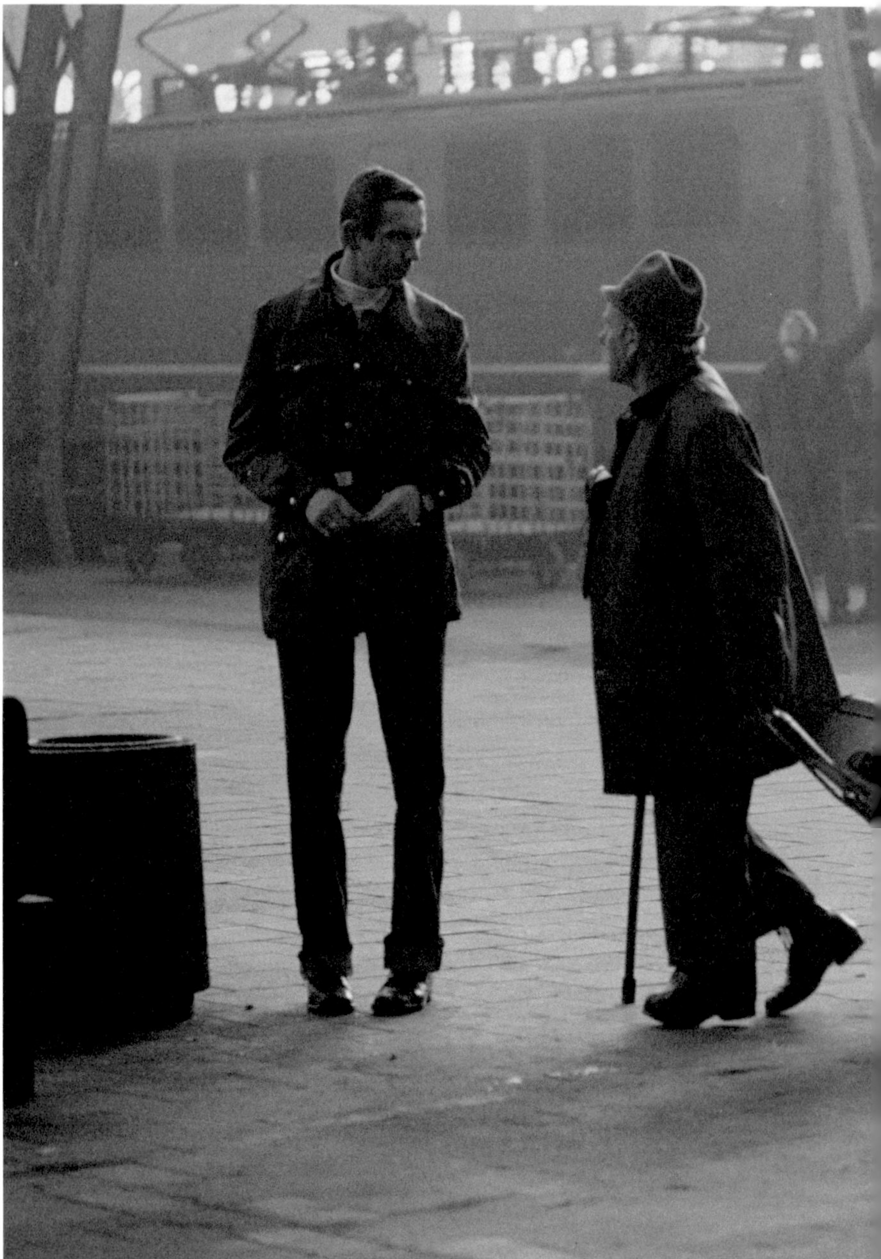

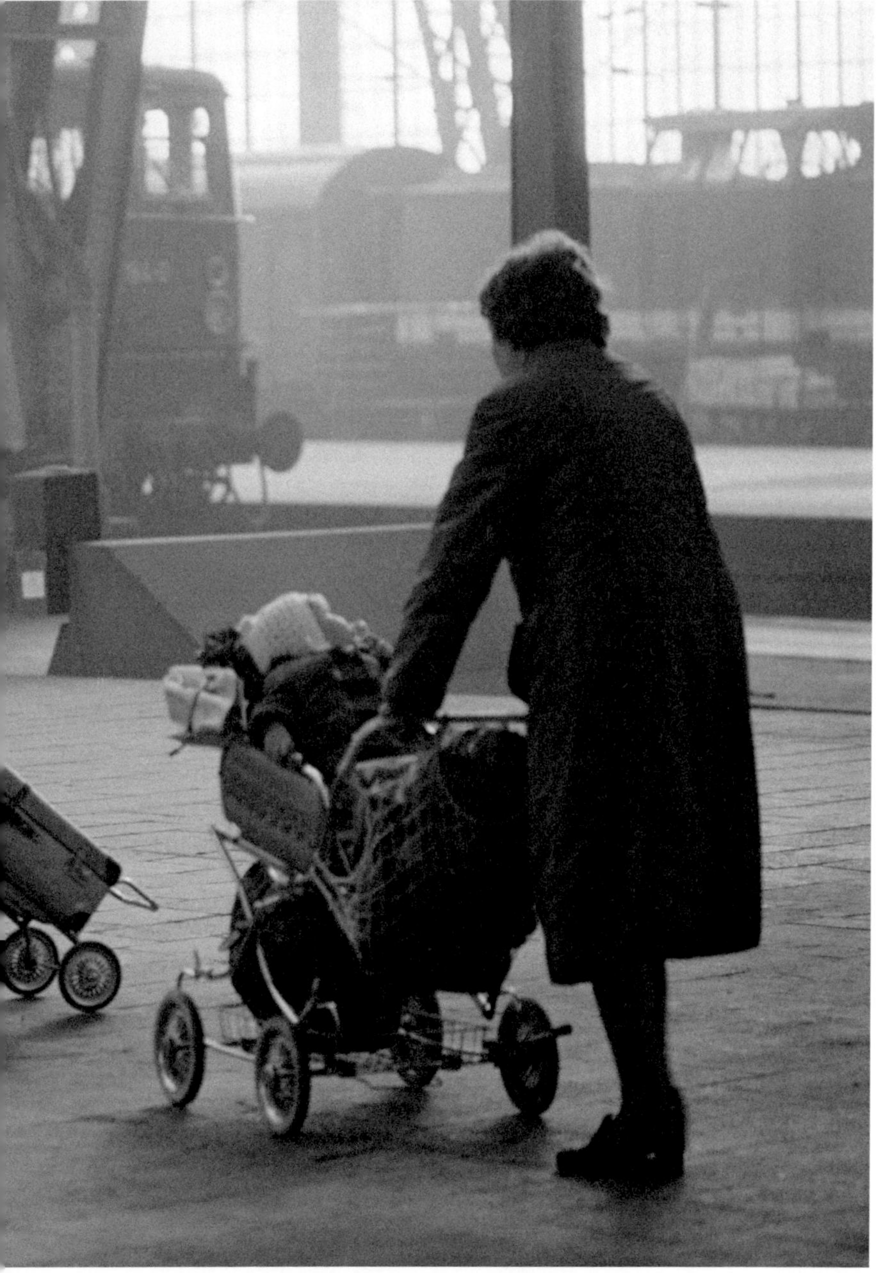

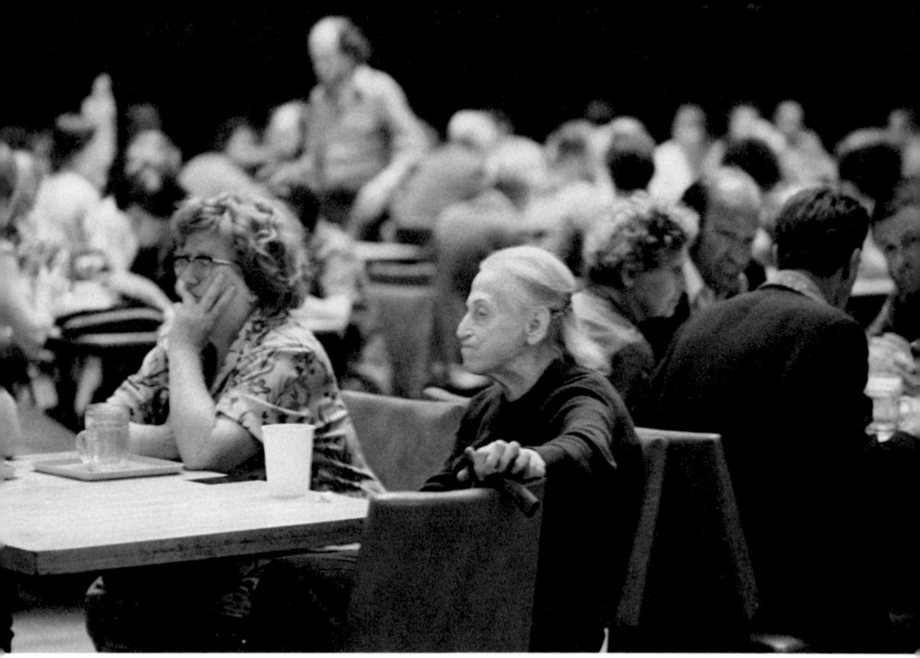

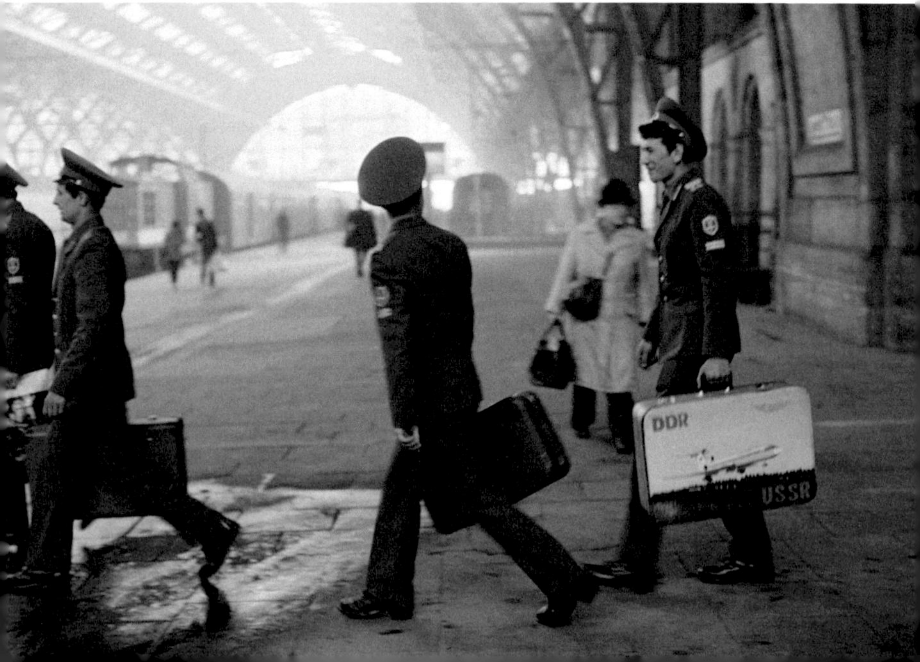

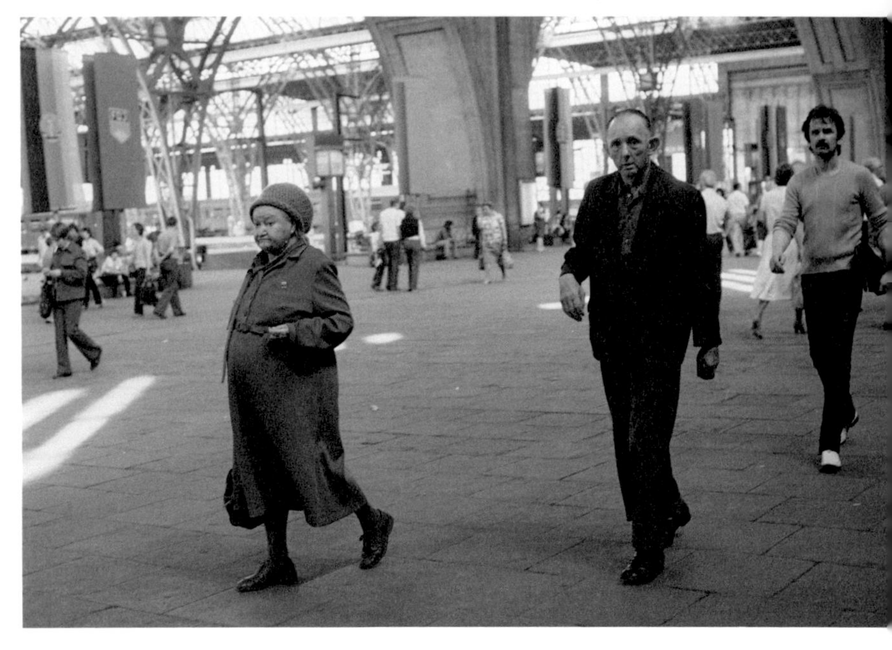

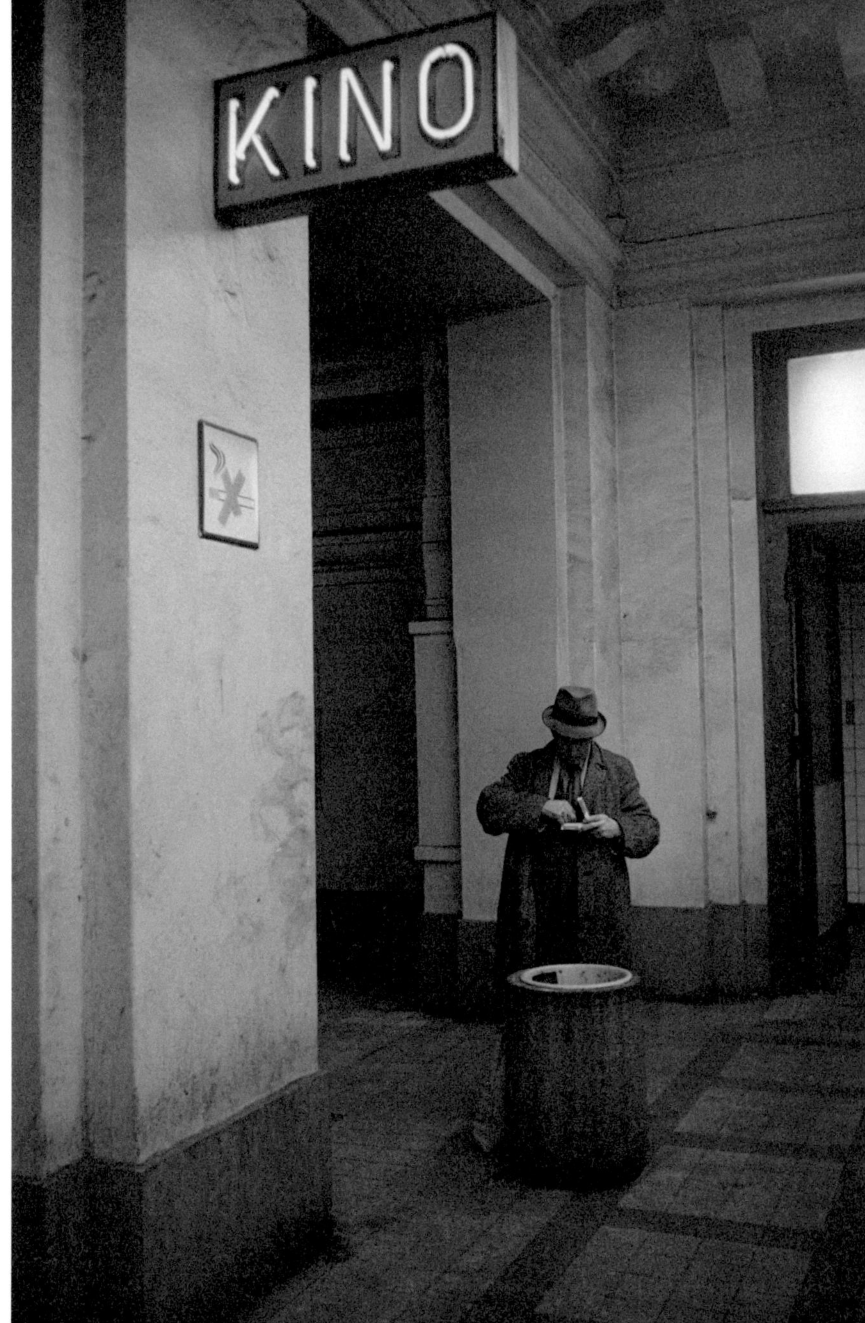
KINO

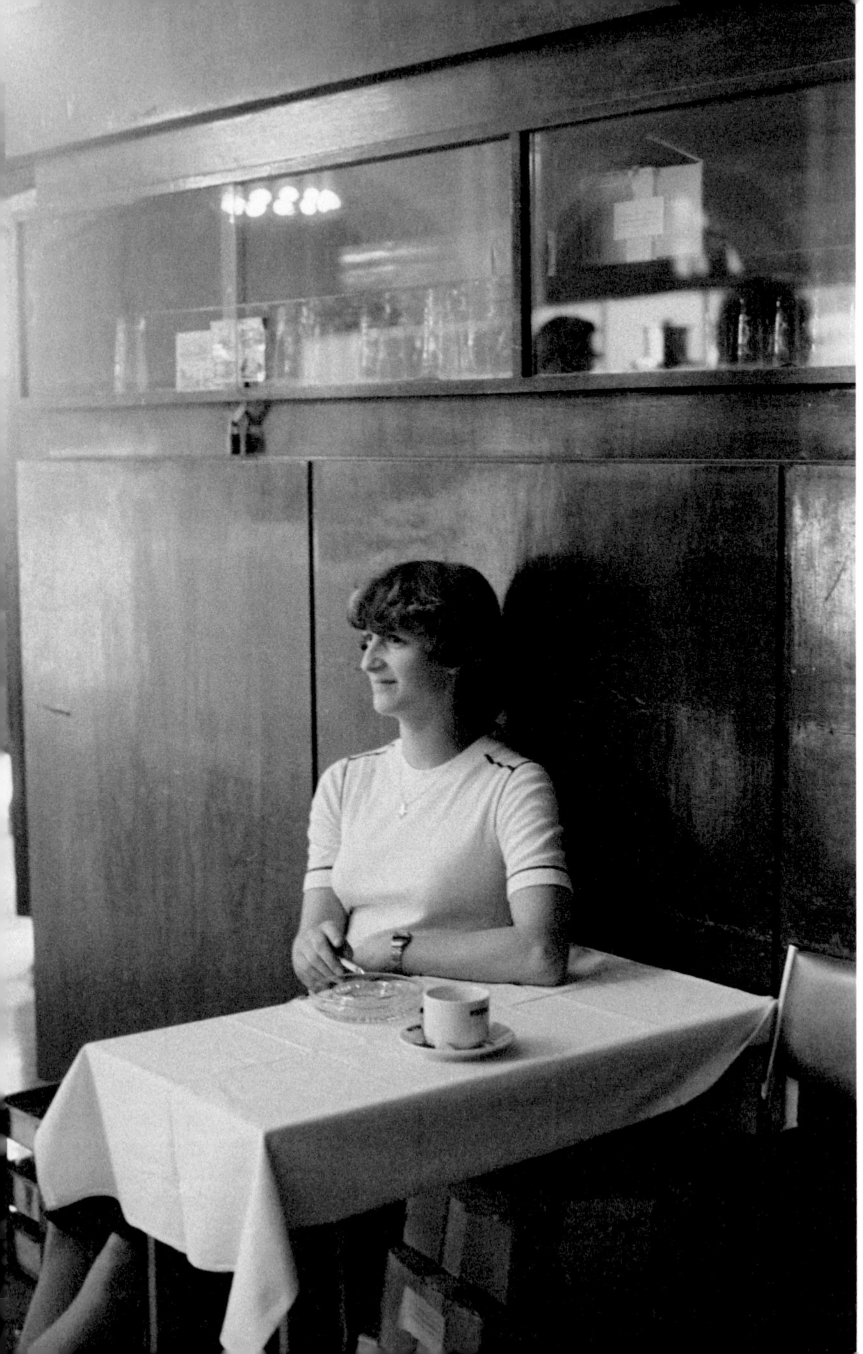

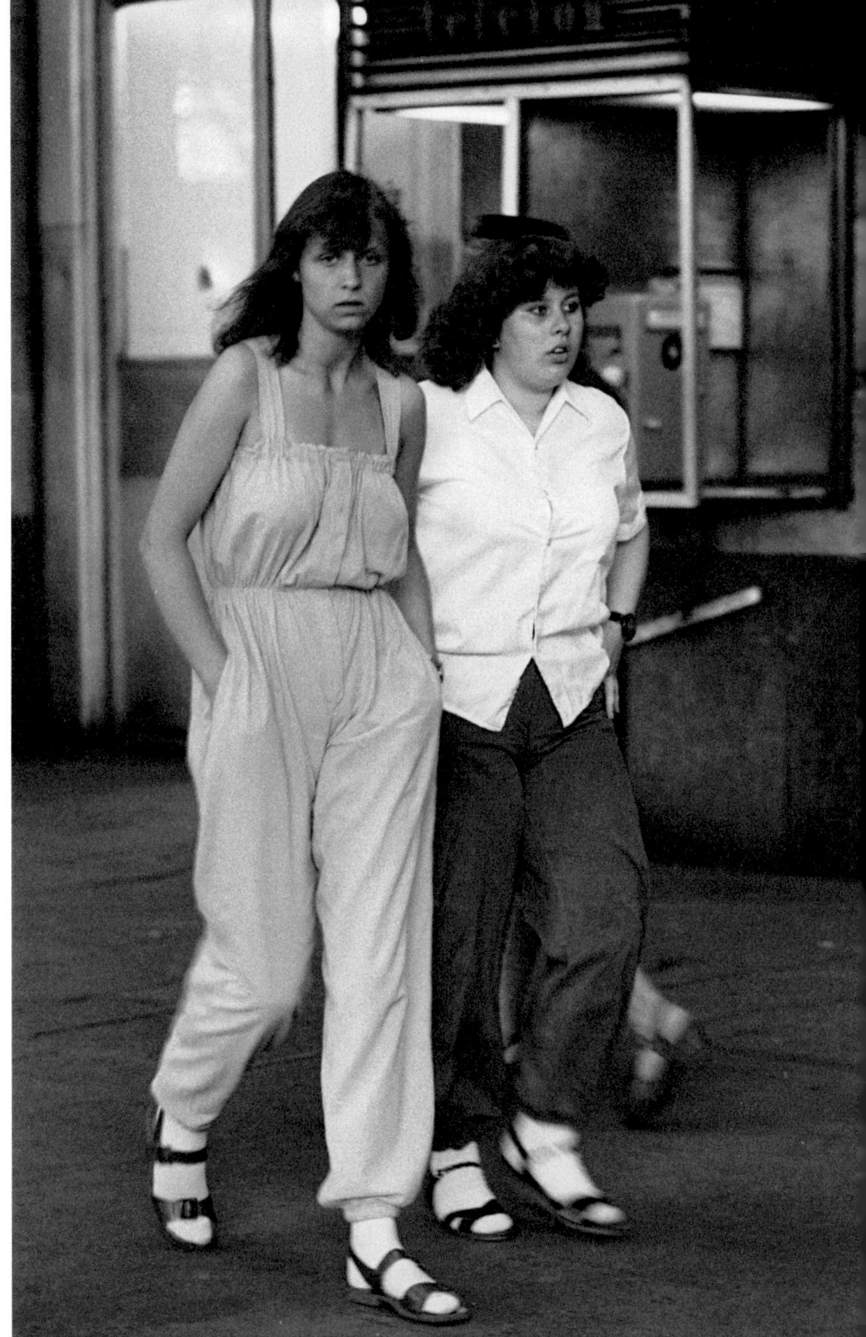

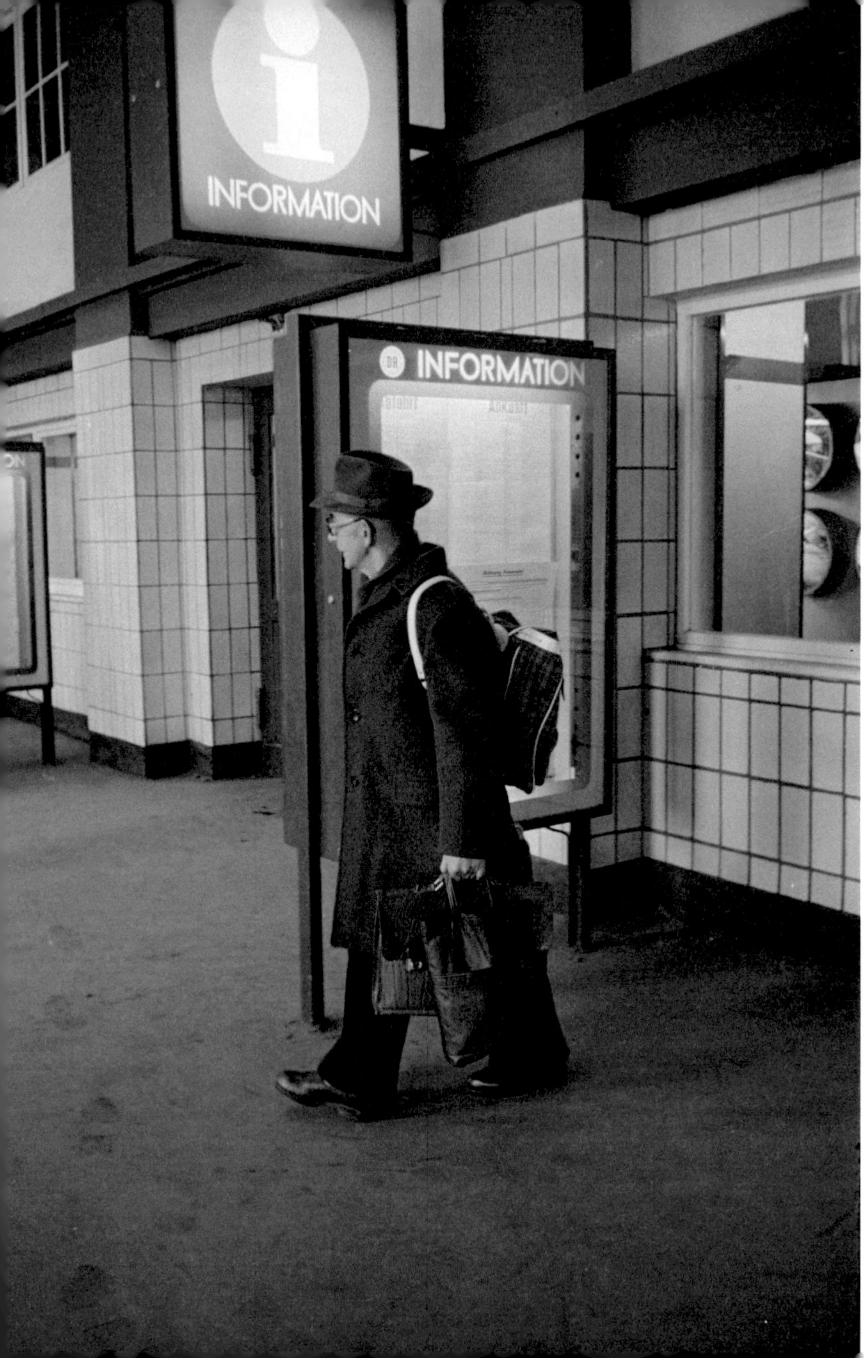

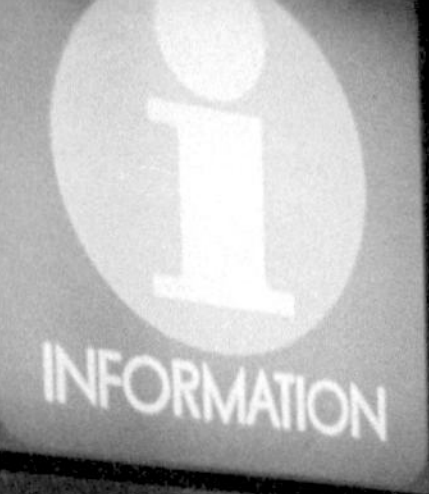
i
INFORMATION
DR INFORMATION

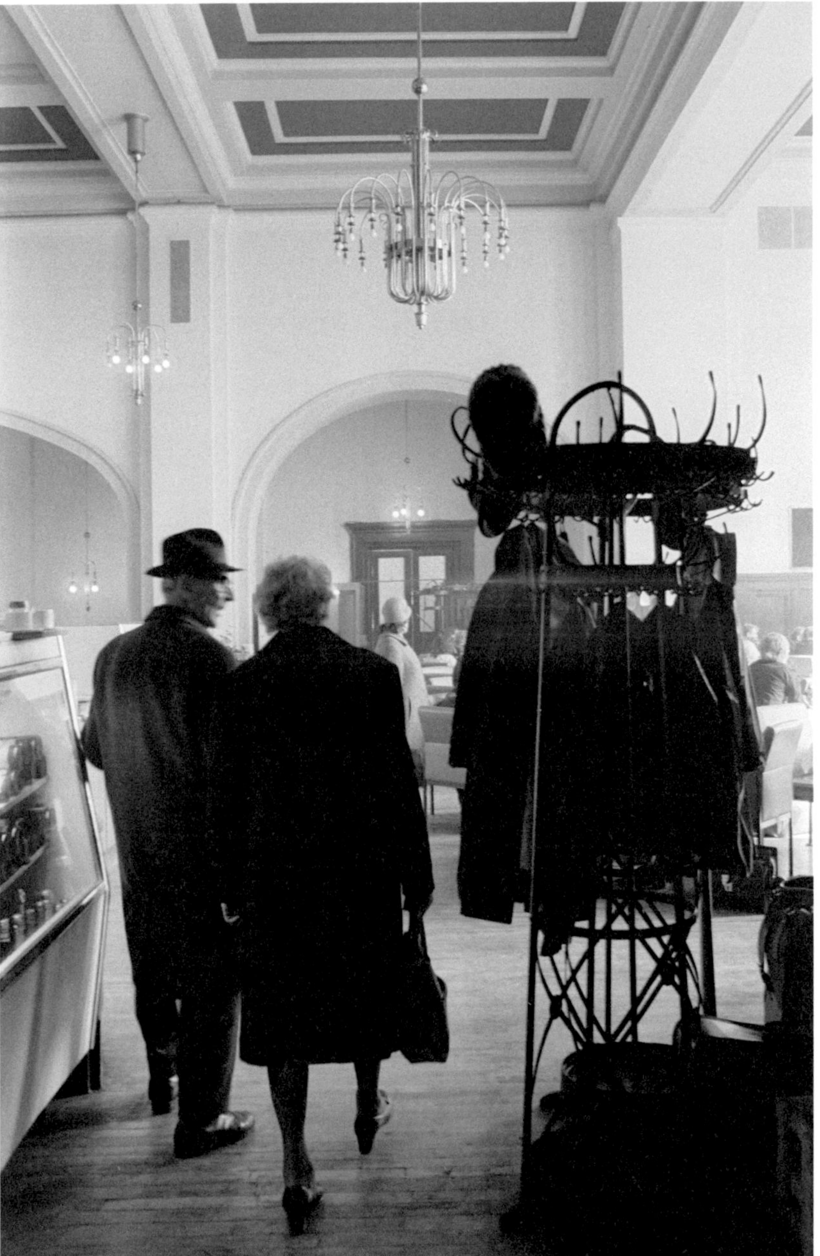

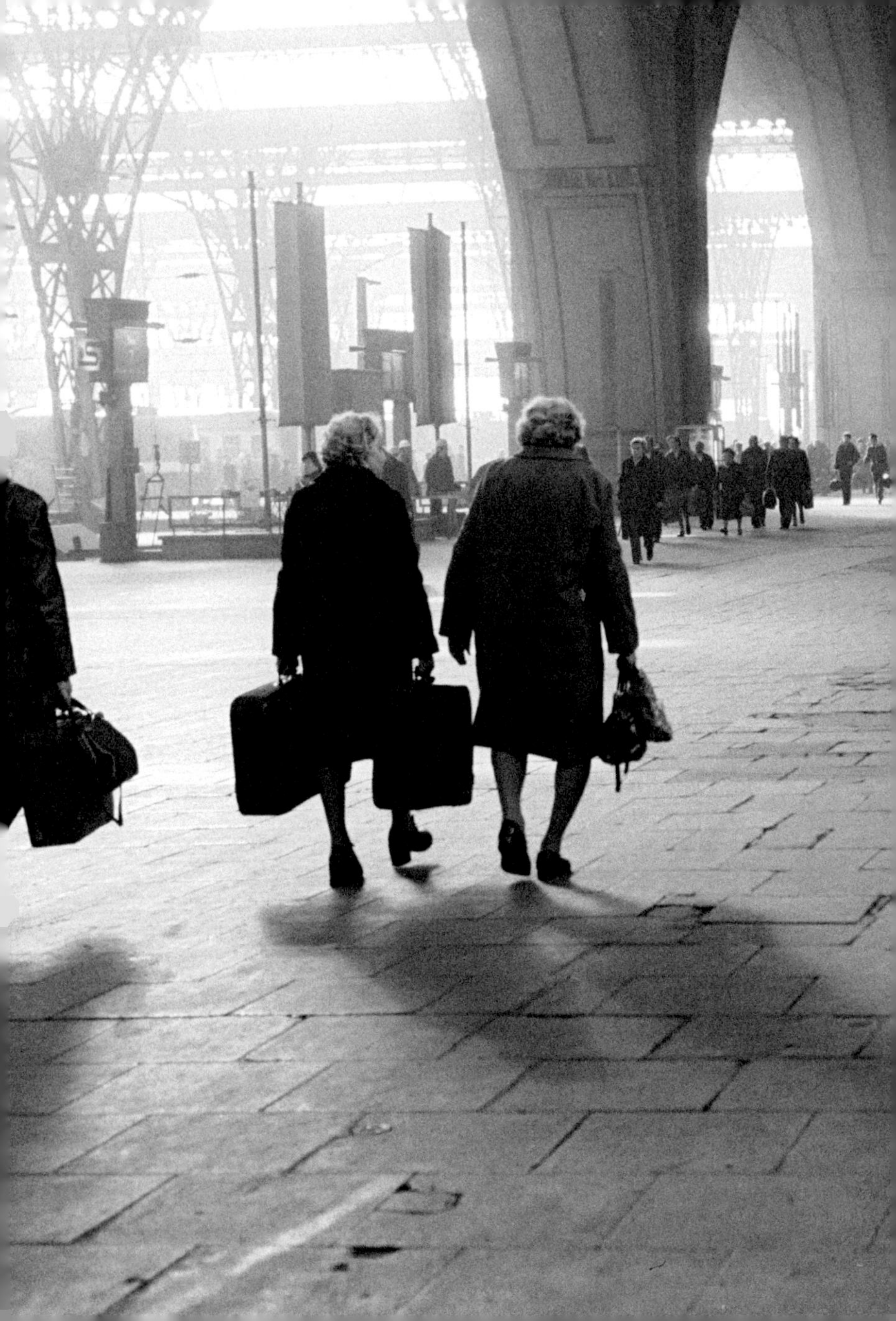

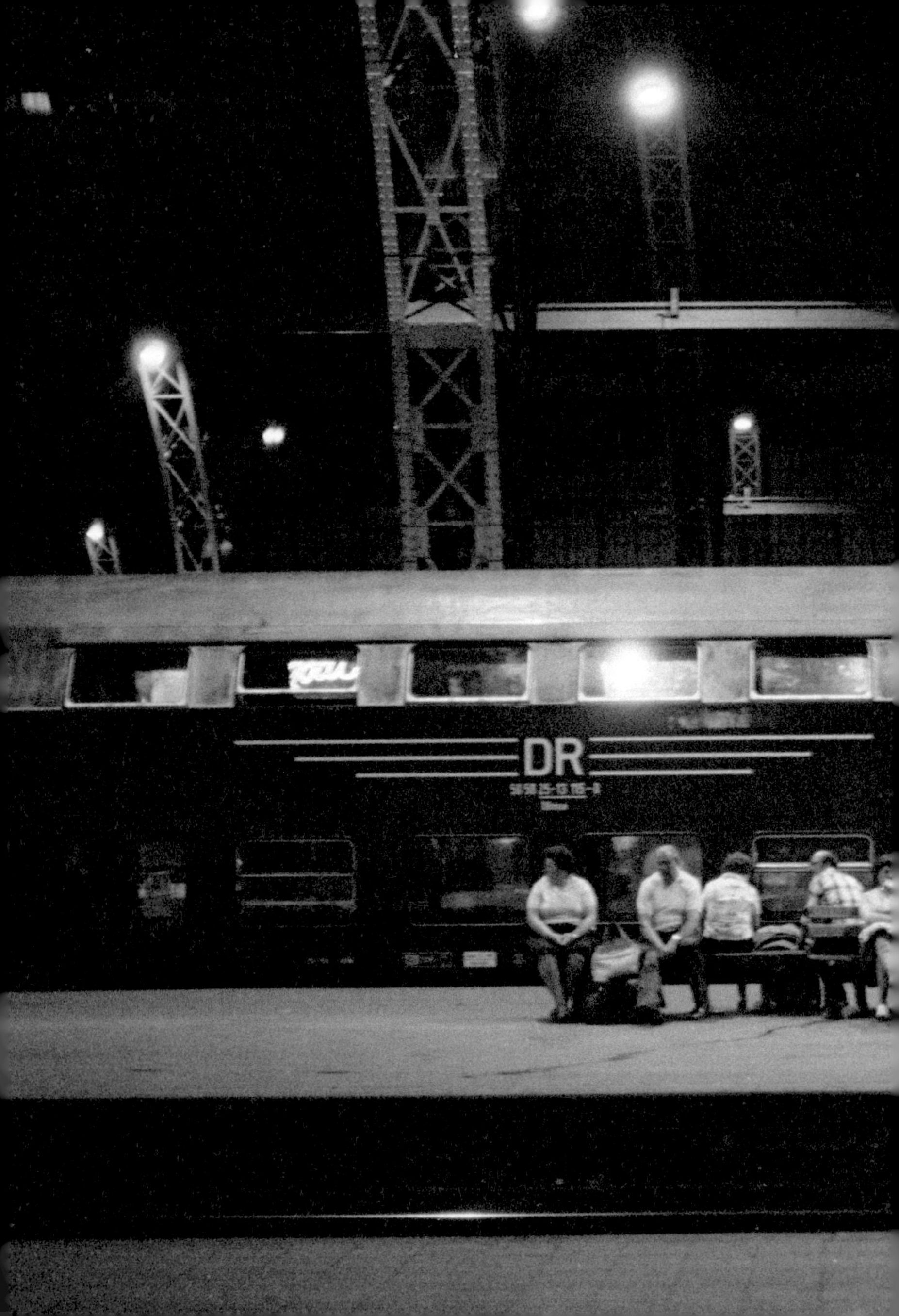
DR

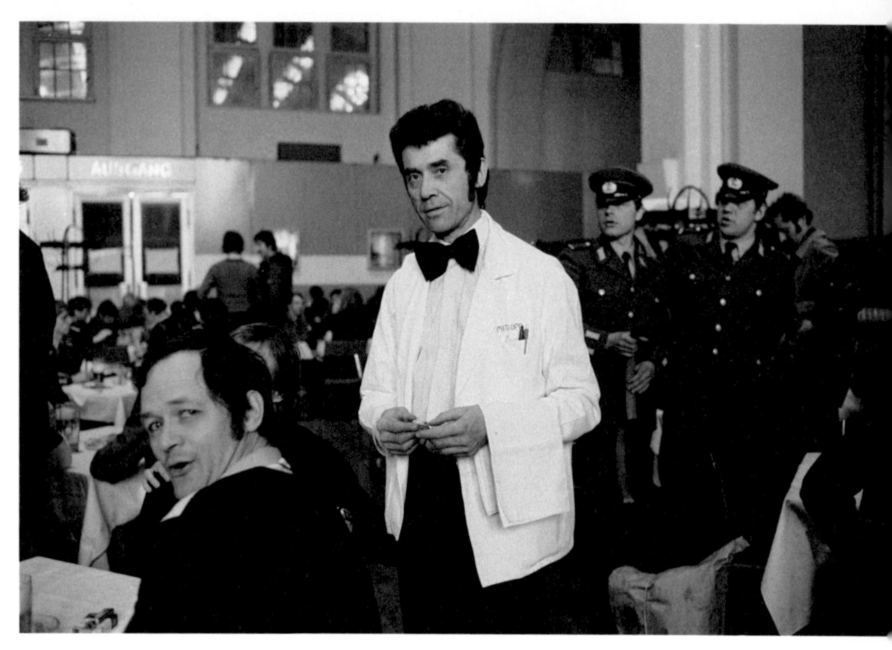
AUSGANG

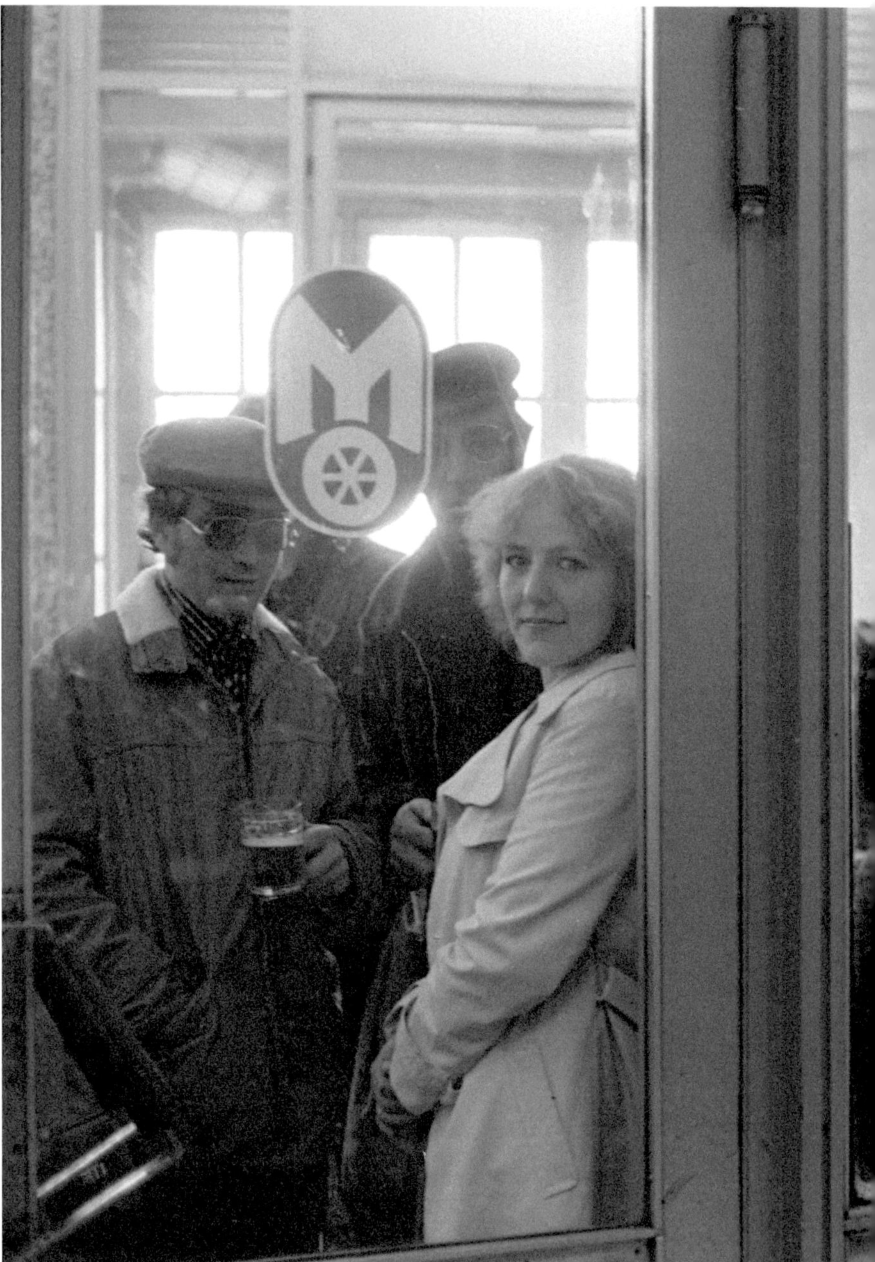

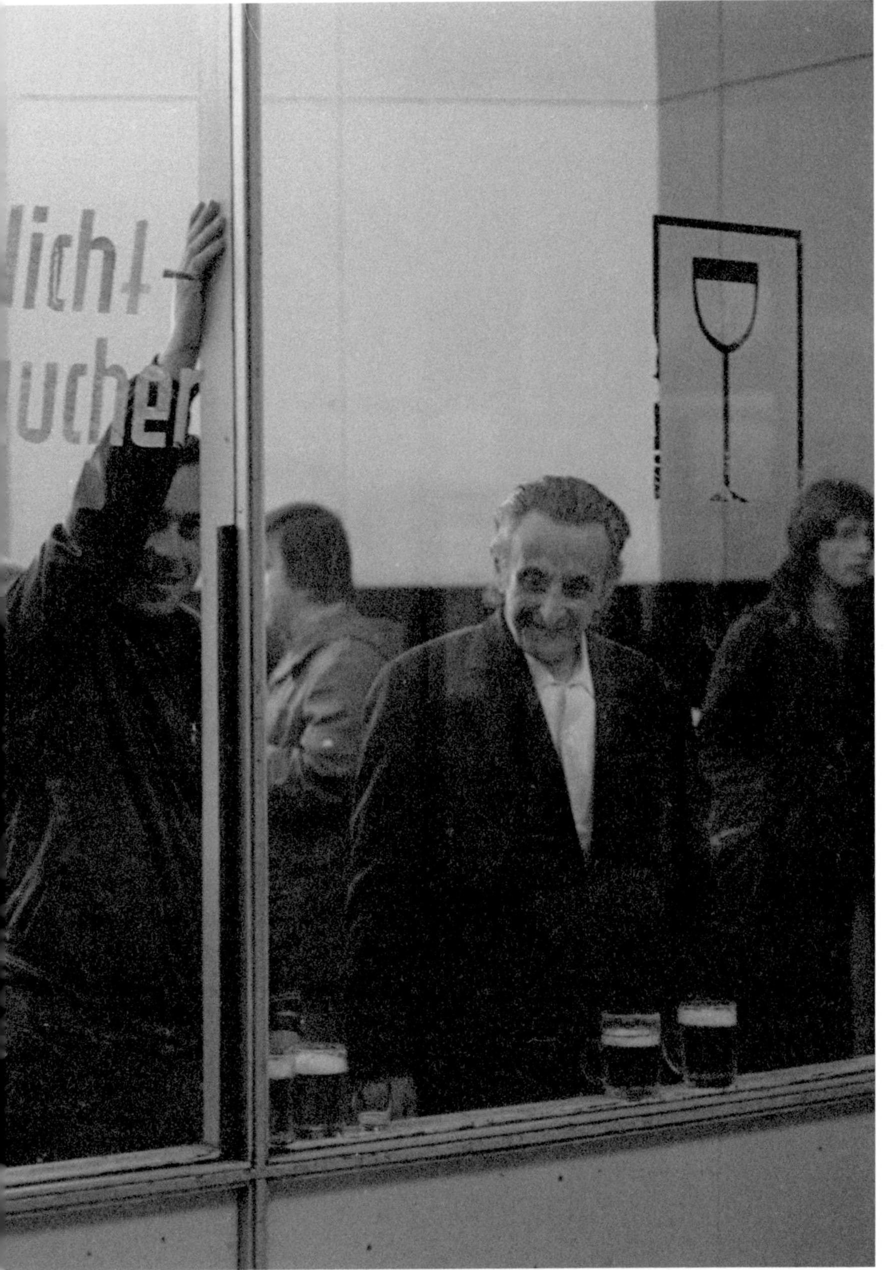

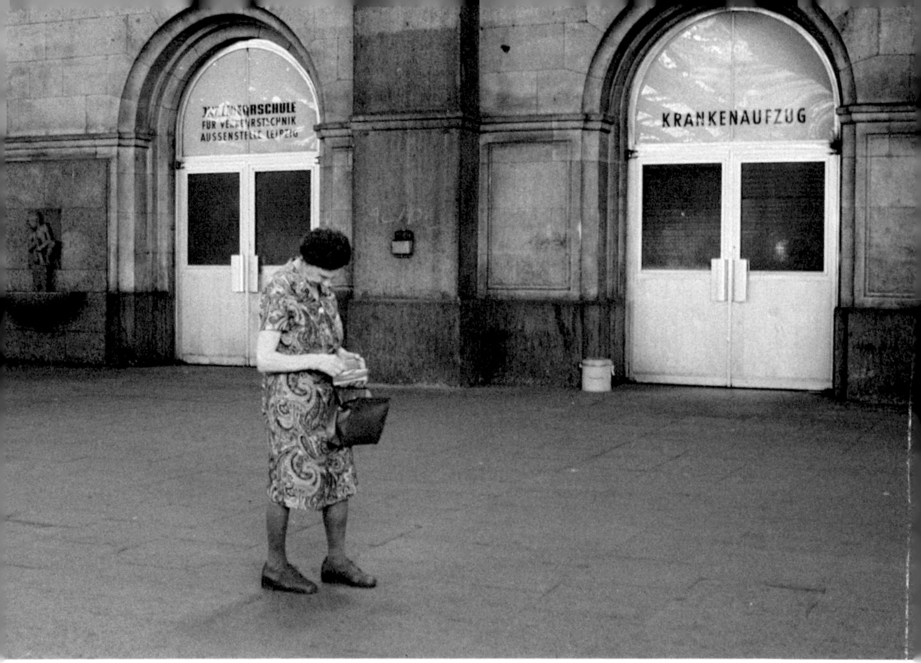

KRANKENAUFZUG

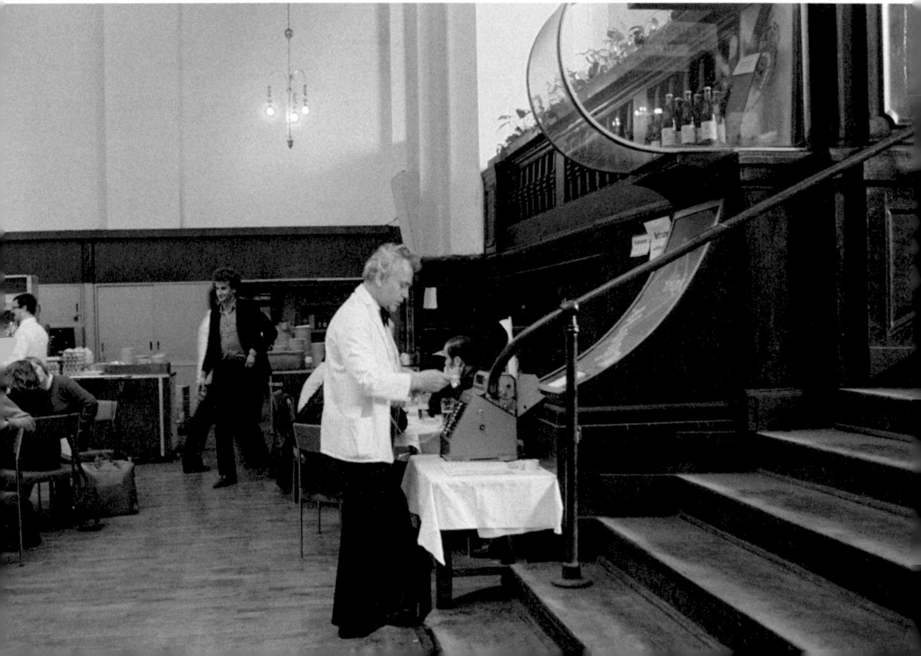

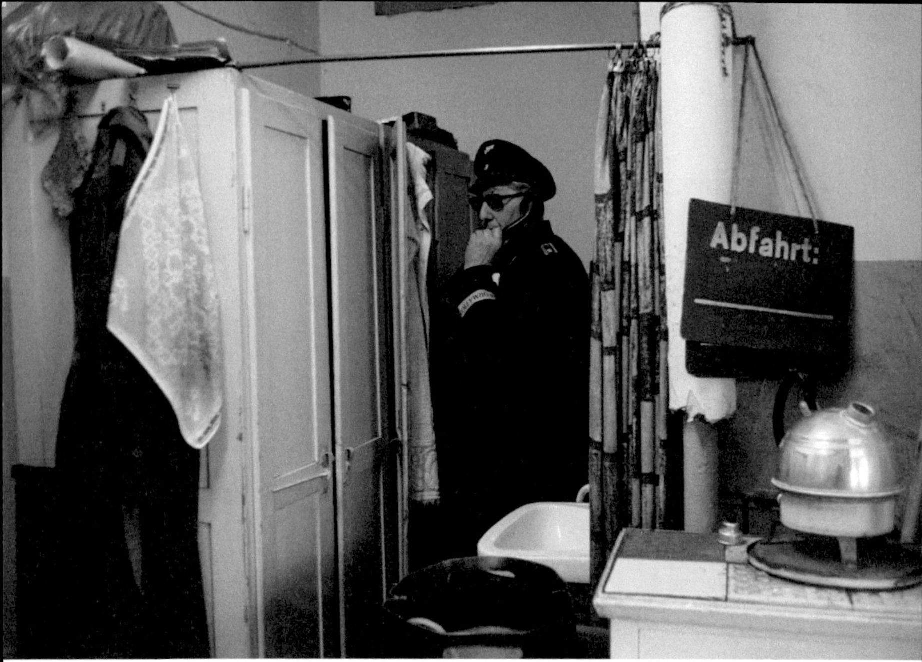

Abfahrt:

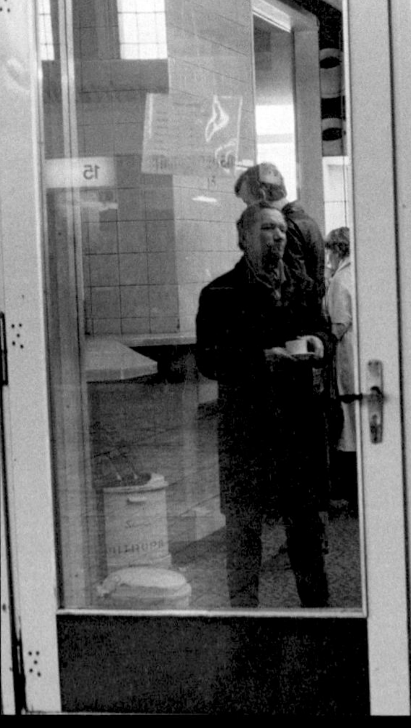

15

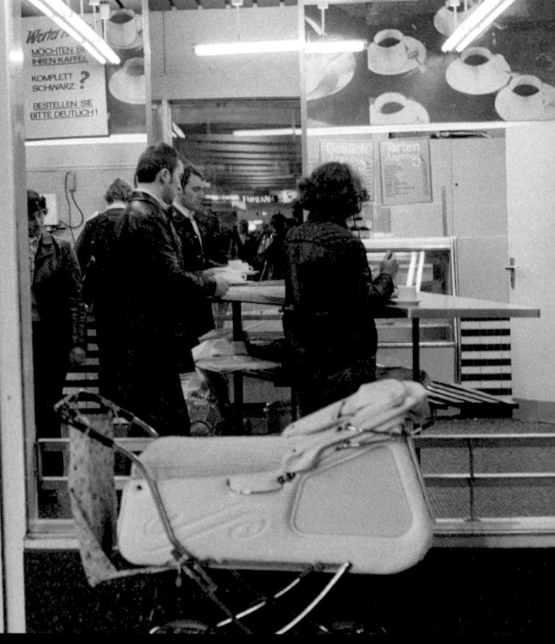

MÖCHTEN SIE IHREN KAFFEE
KOMPLETT SCHWARZ?
BESTELLEN SIE BITTE DEUTLICH!

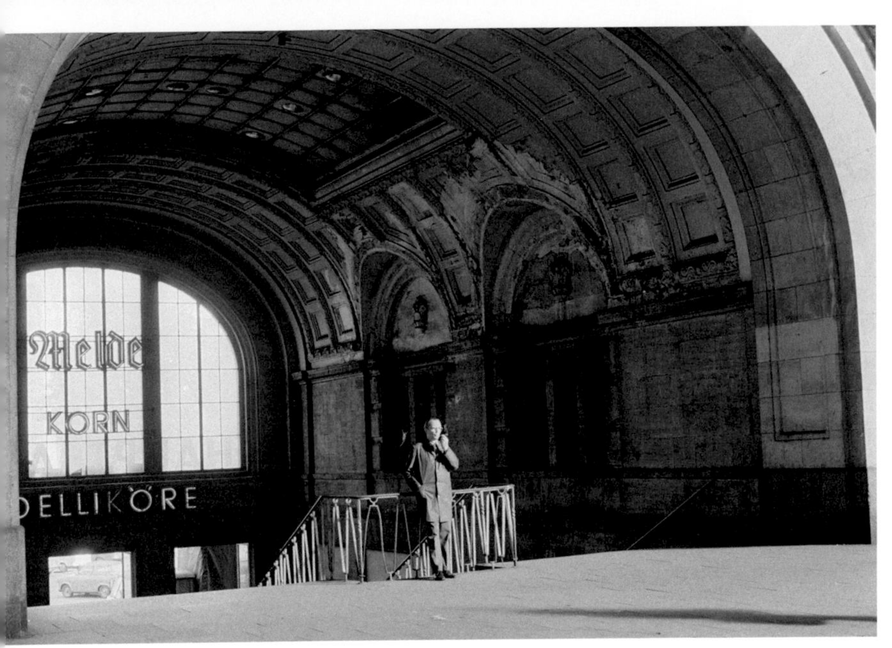
Melde
KORN
DELLIKÖRE

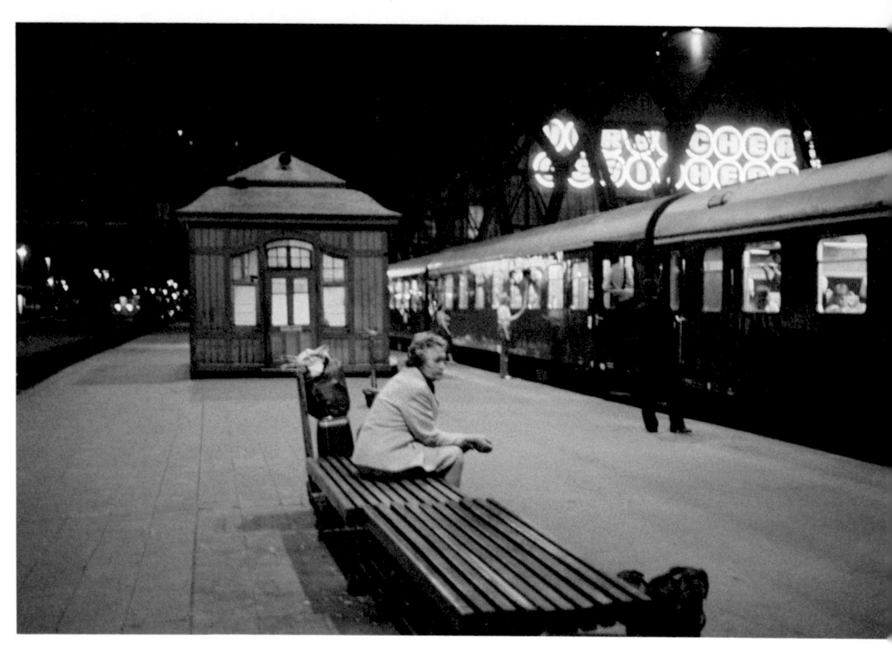

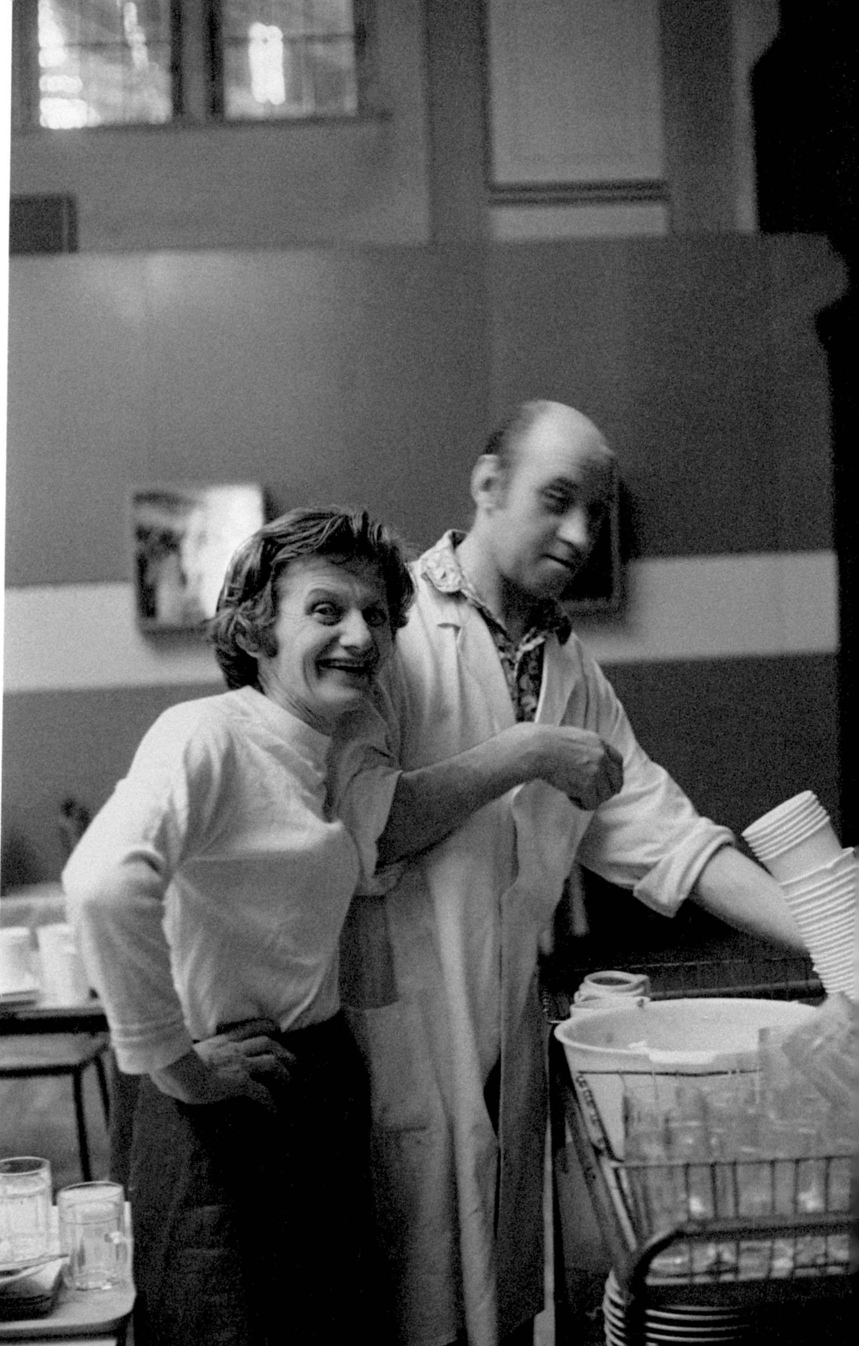

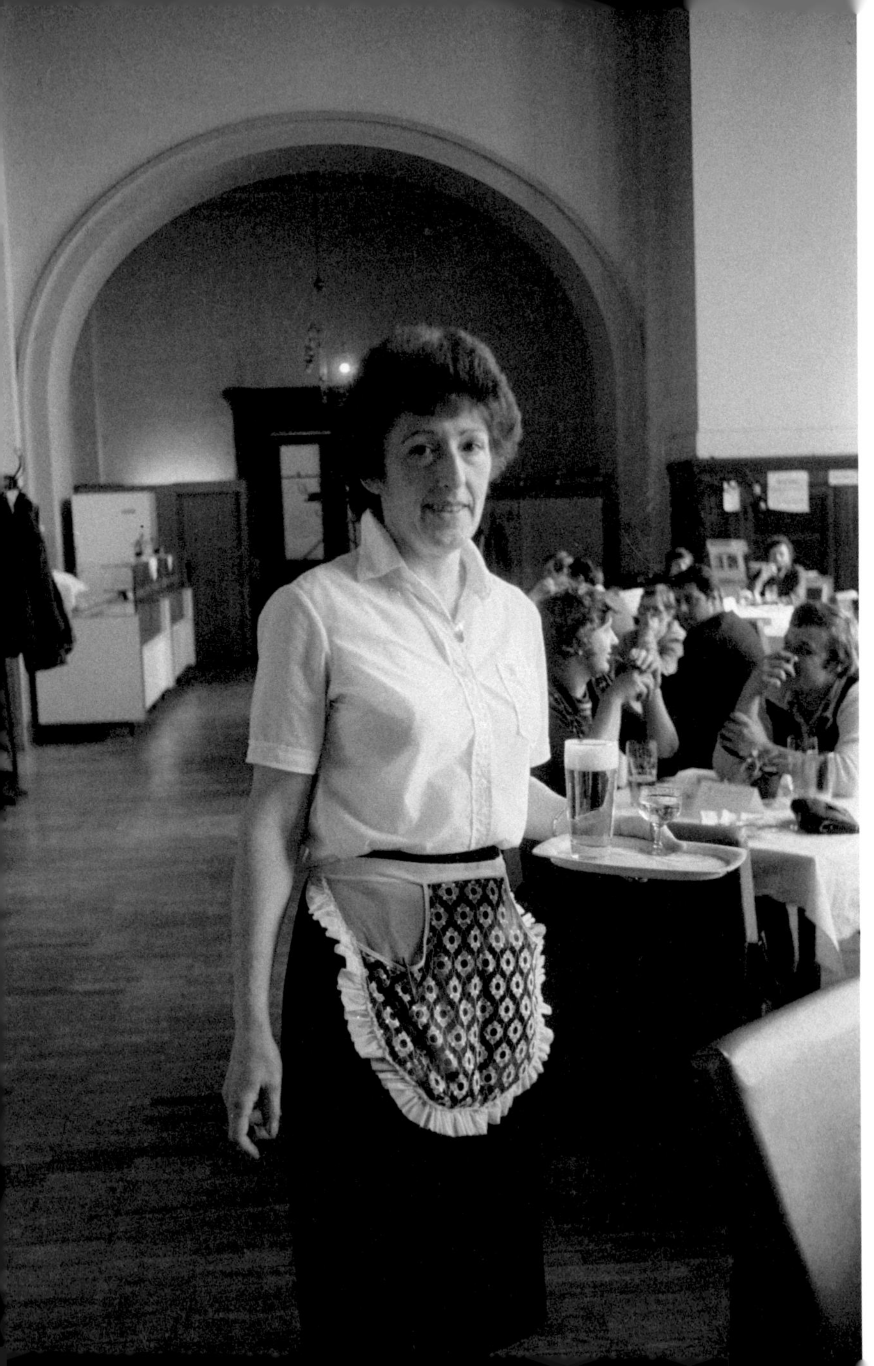

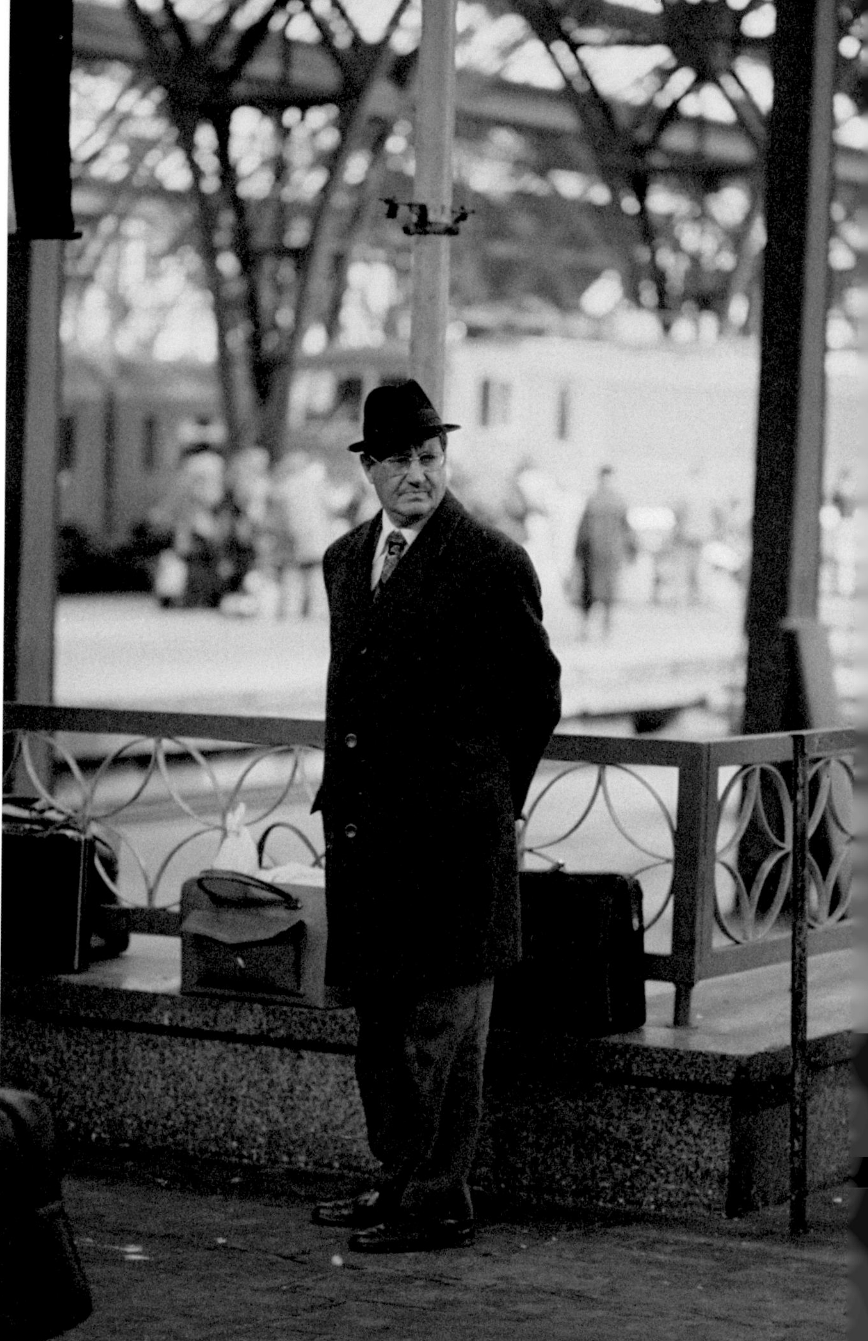

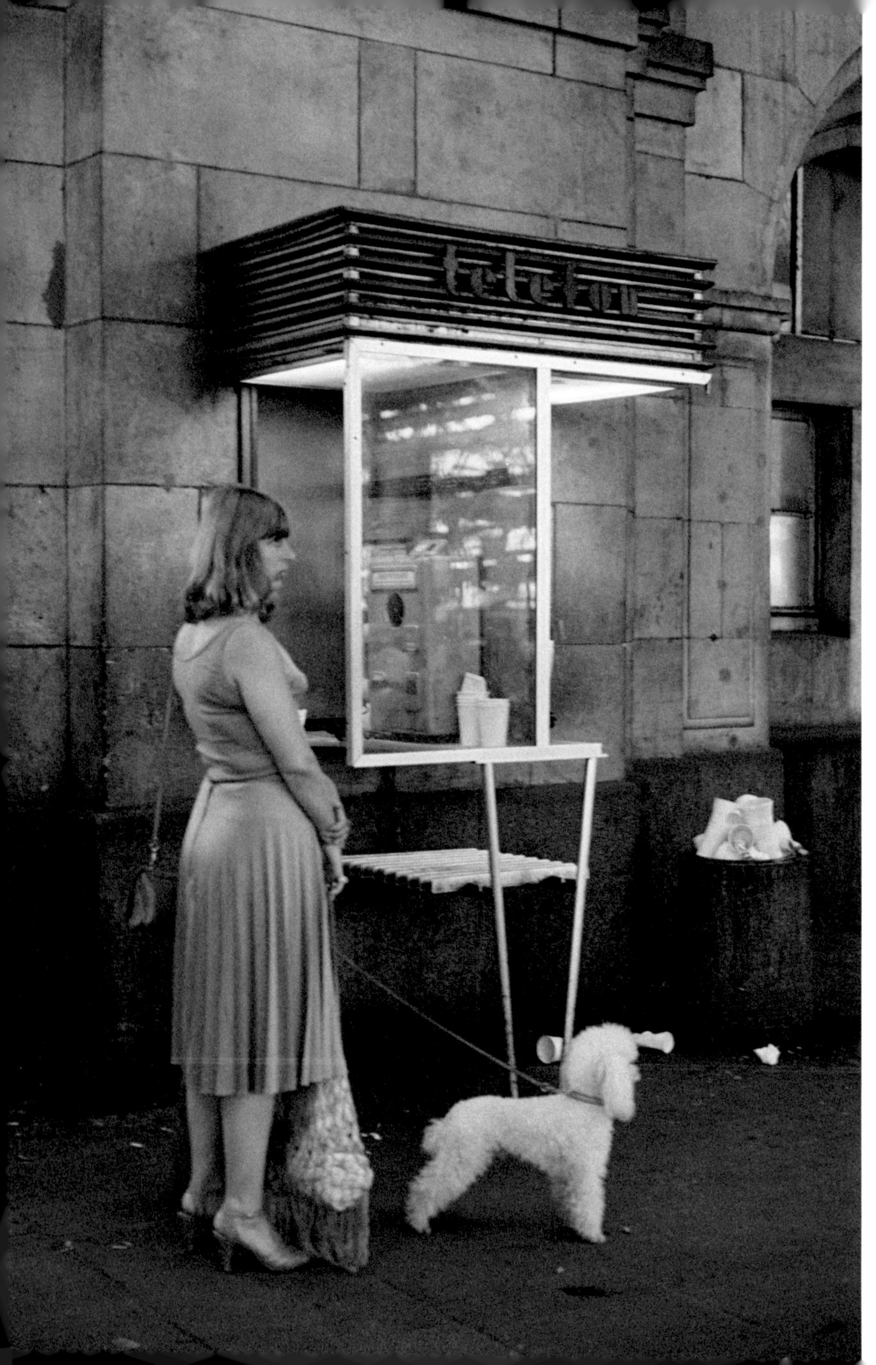
telefon

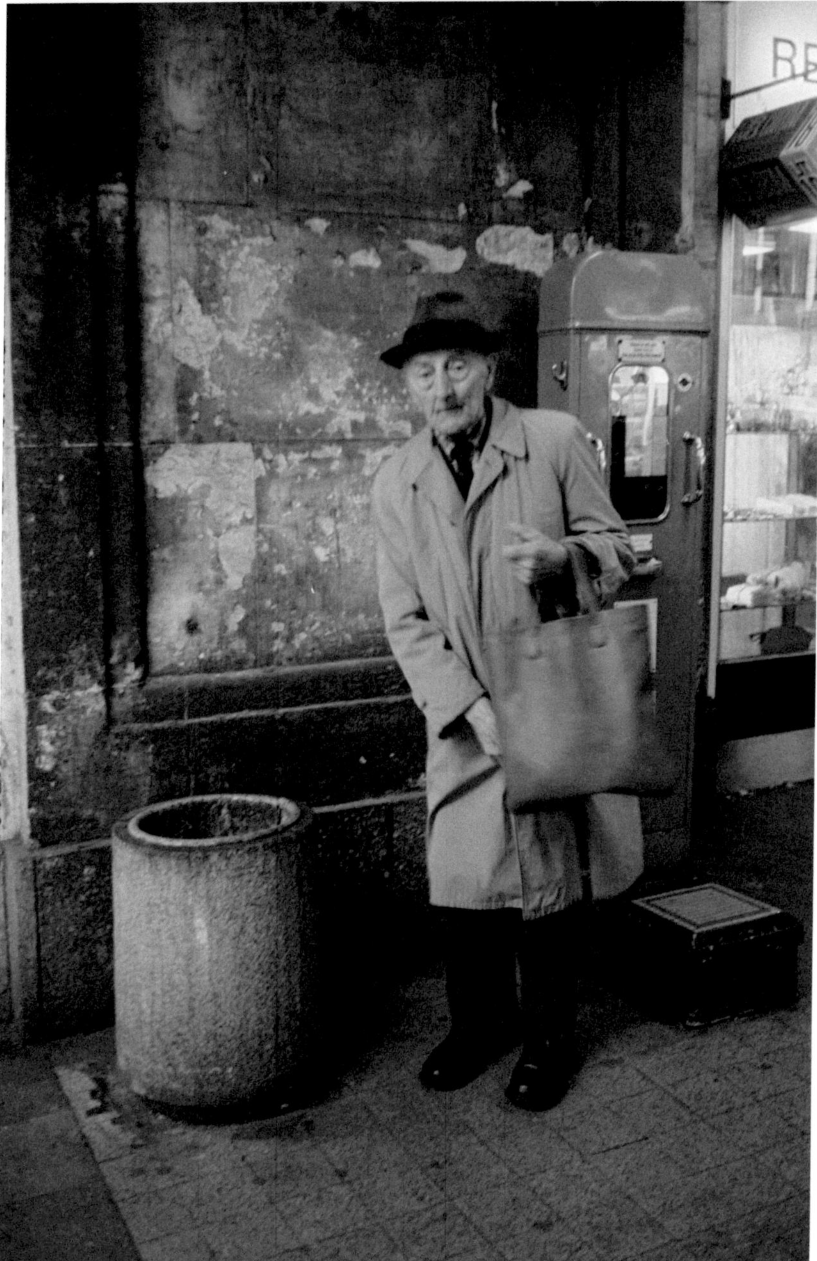

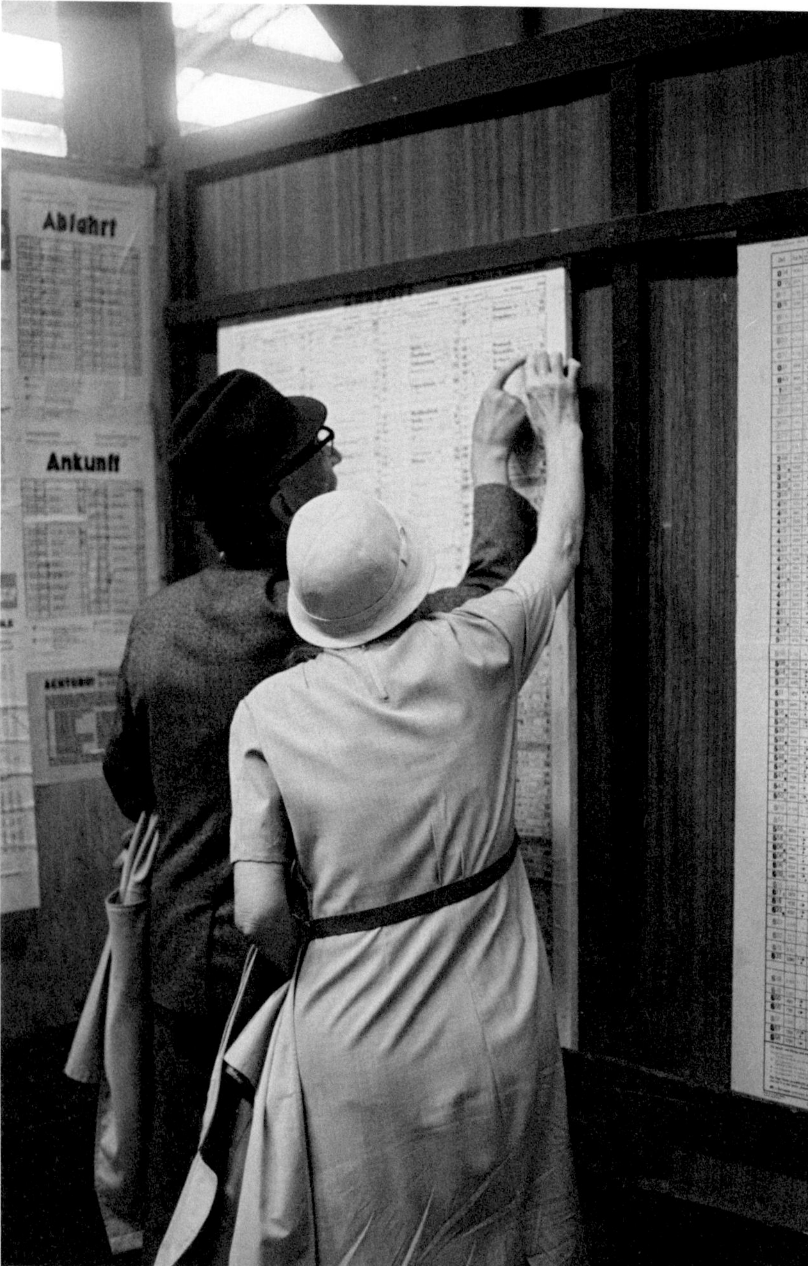
Abfahrt
Ankunft

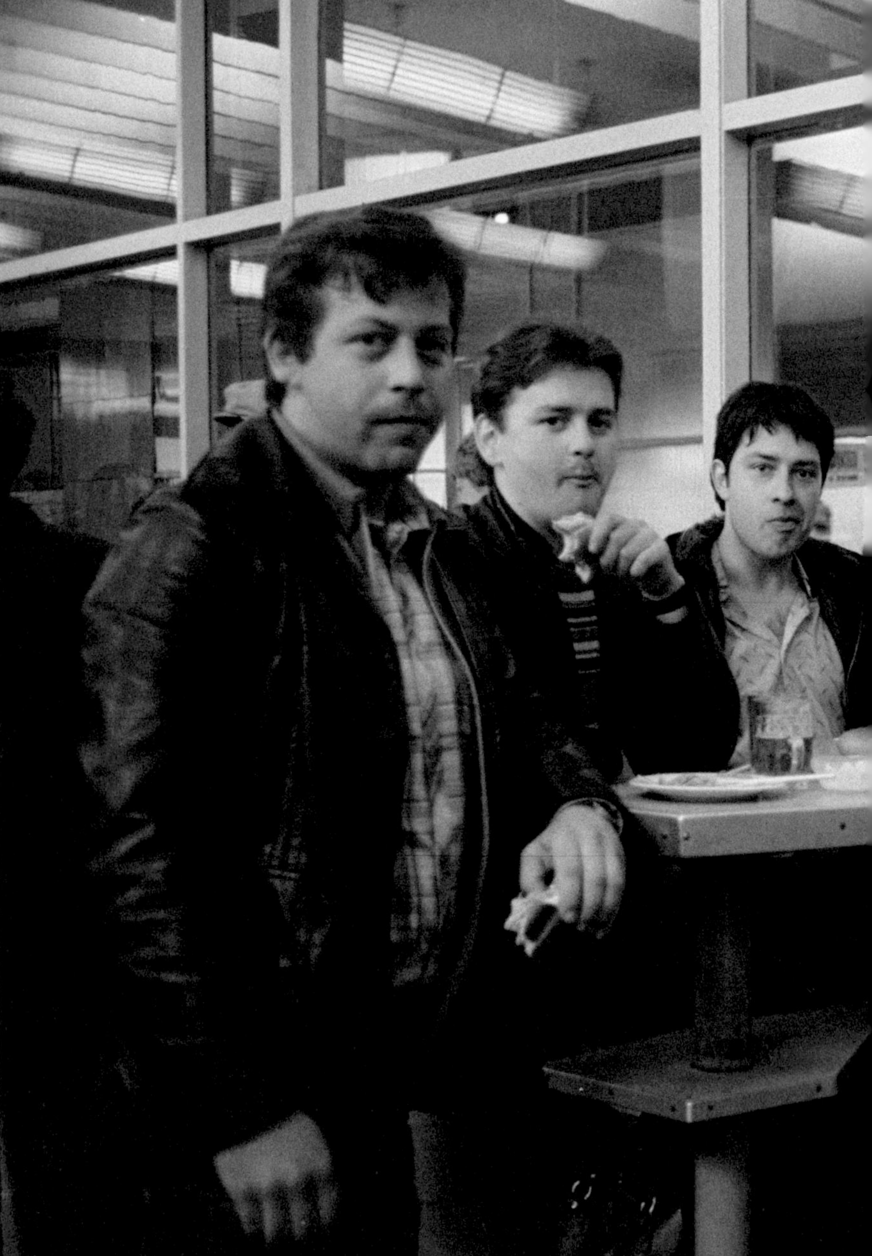

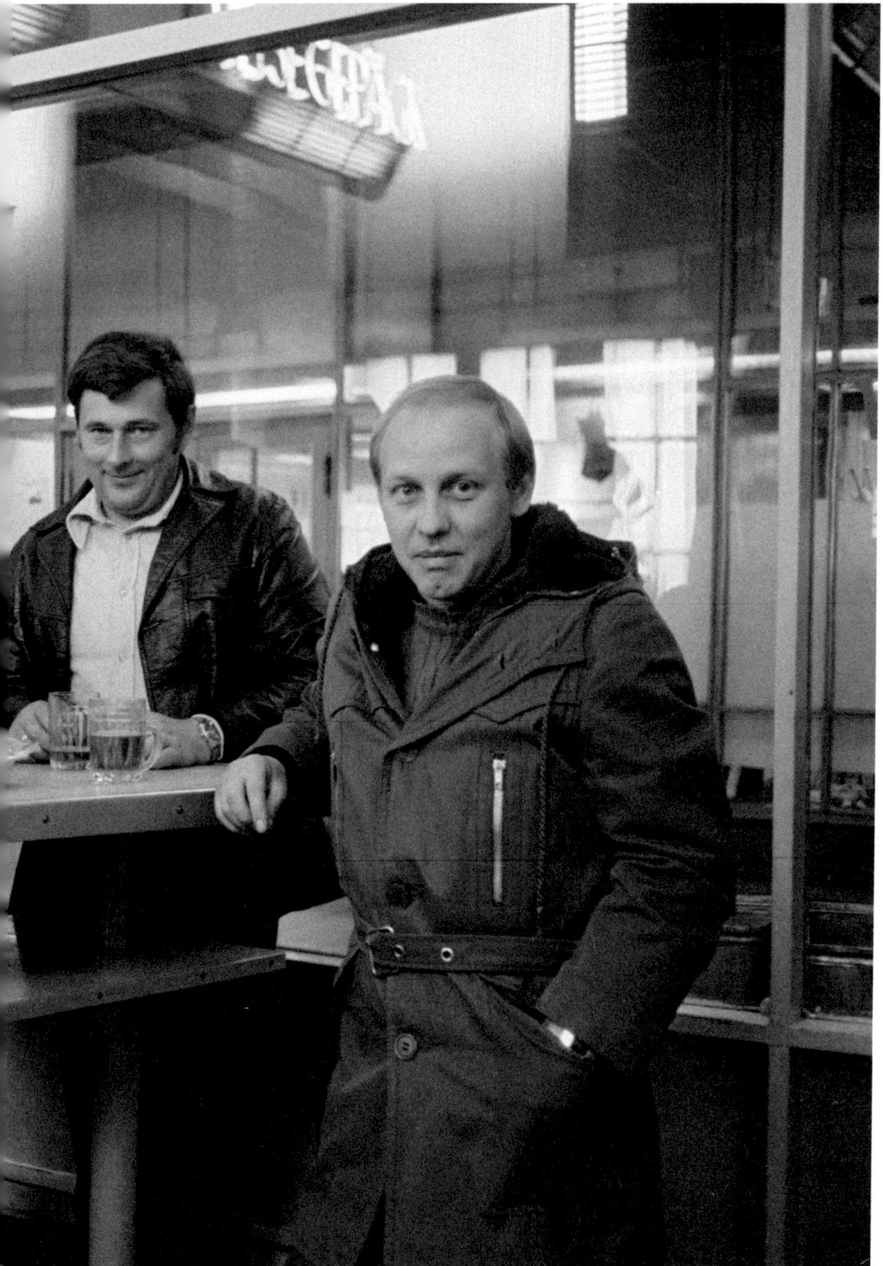

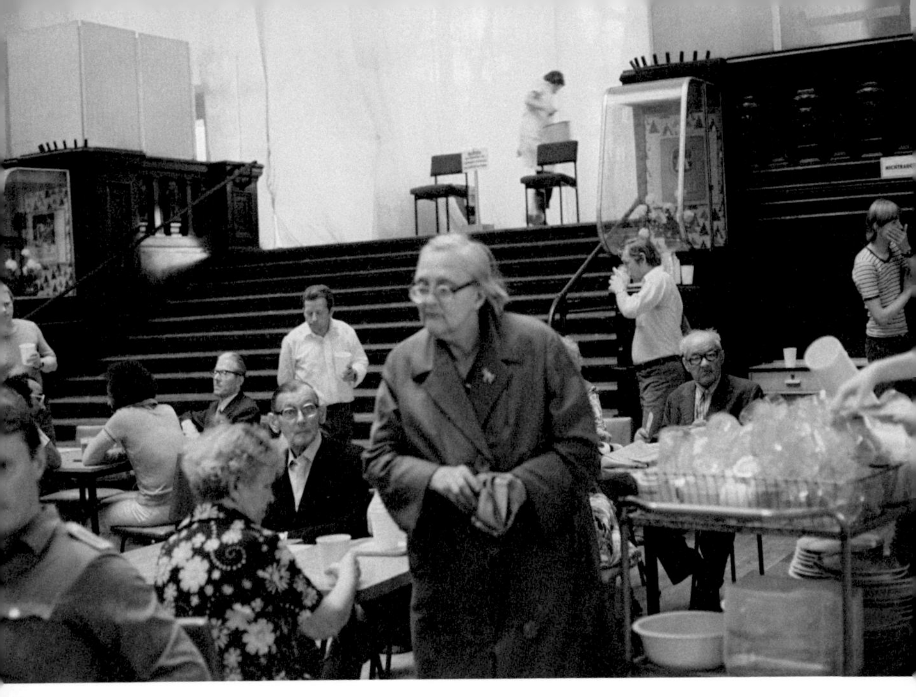

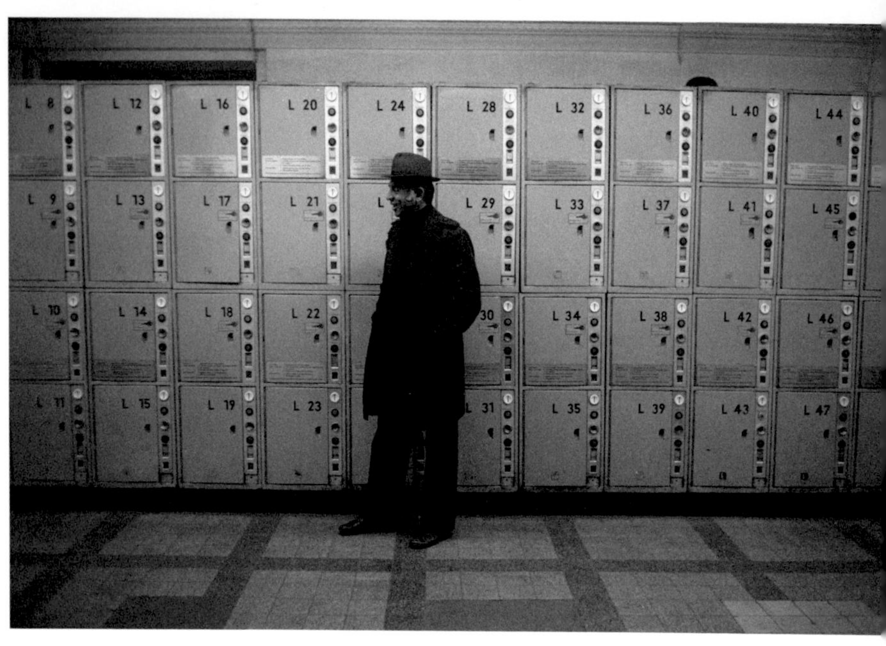
L 8
L 12
L 16
L 20
L 24
L 28
L 32
L 36
L 40
L 44
L 9
L 13
L 17
L 21
L 29
L 33
L 37
L 41
L 45
L 10
L 14
L 18
L 22
L 34
L 38
L 42
L 46
L 11
L 15
L 19
L 23
L 31
L 35
L 39
L 43
L 47

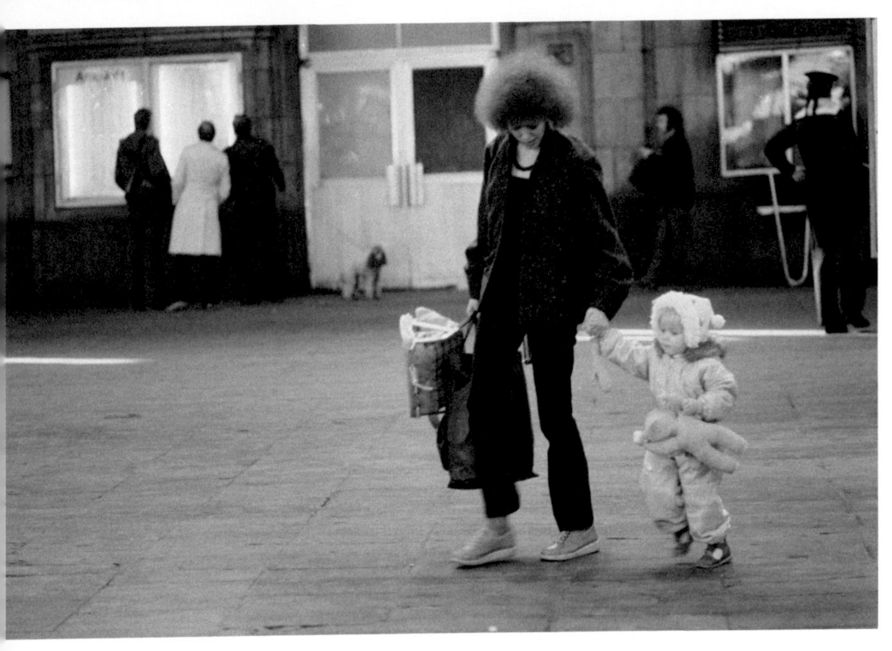

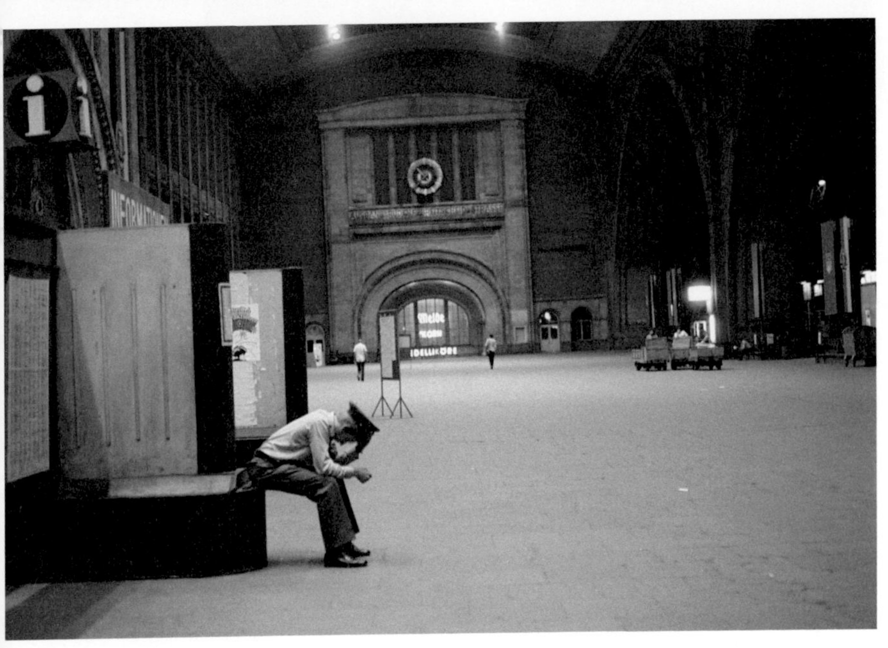

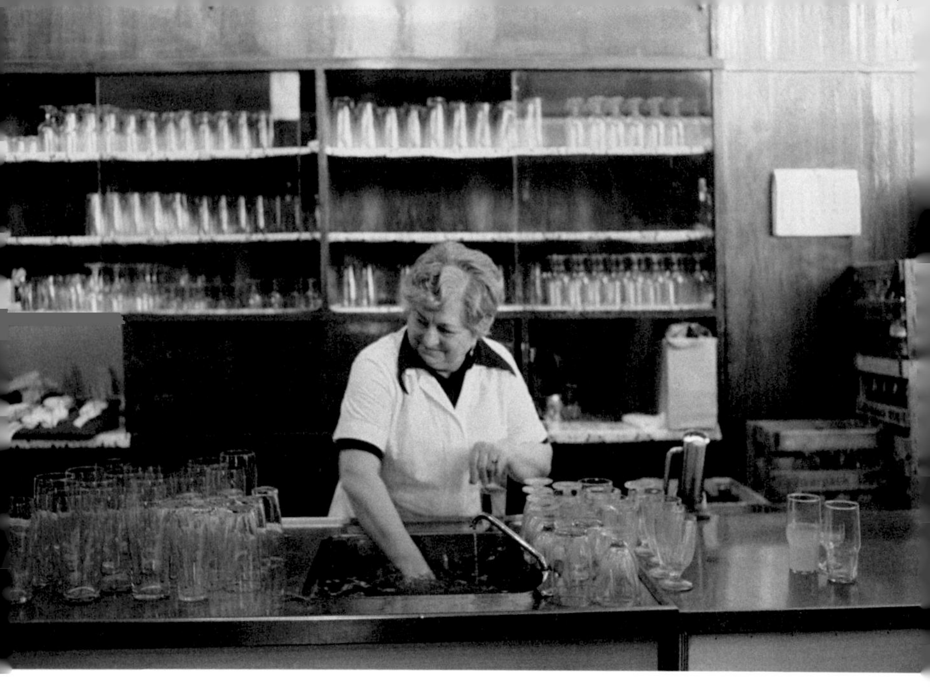

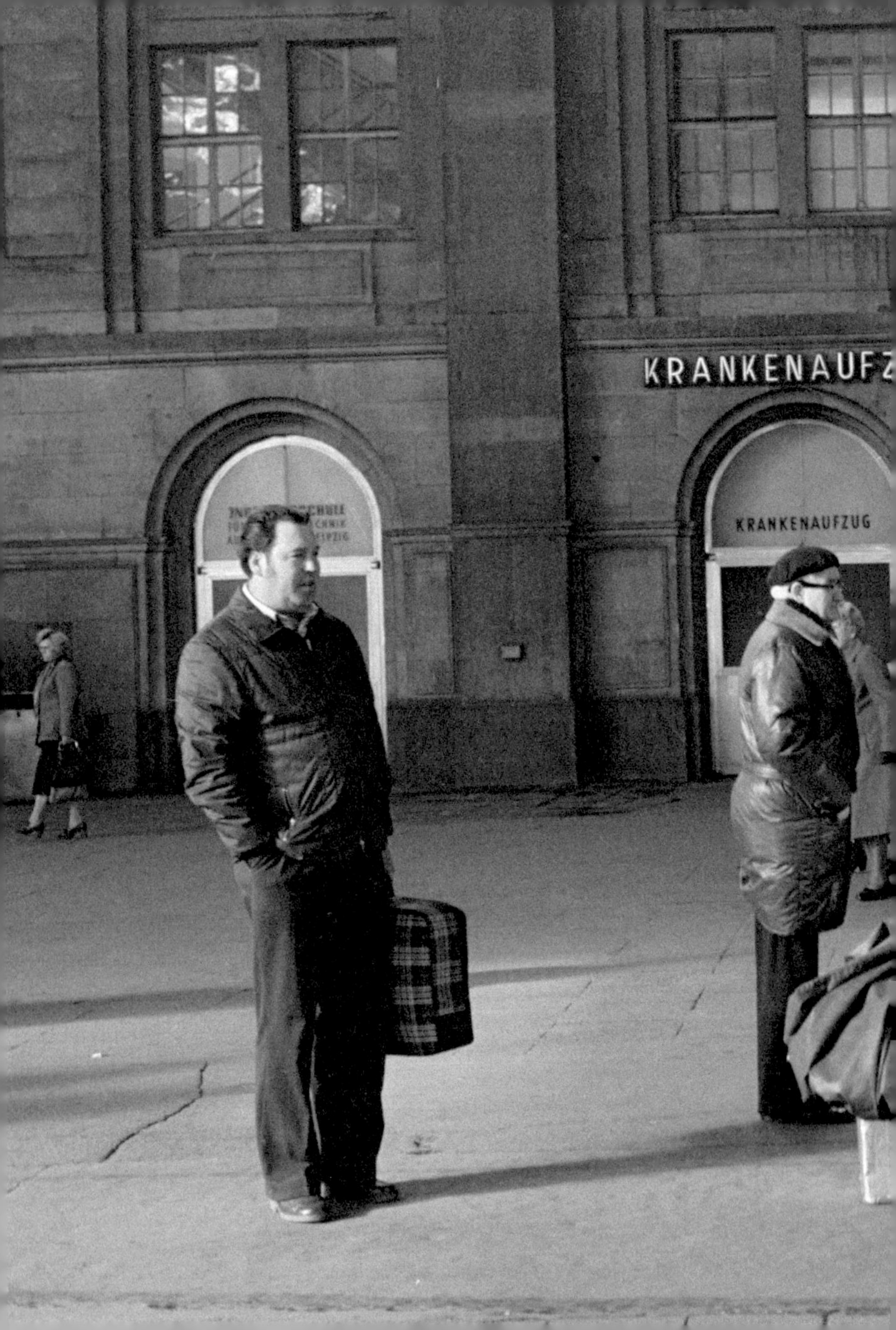
KRANKENAUFZ
KRANKENAUFZUG

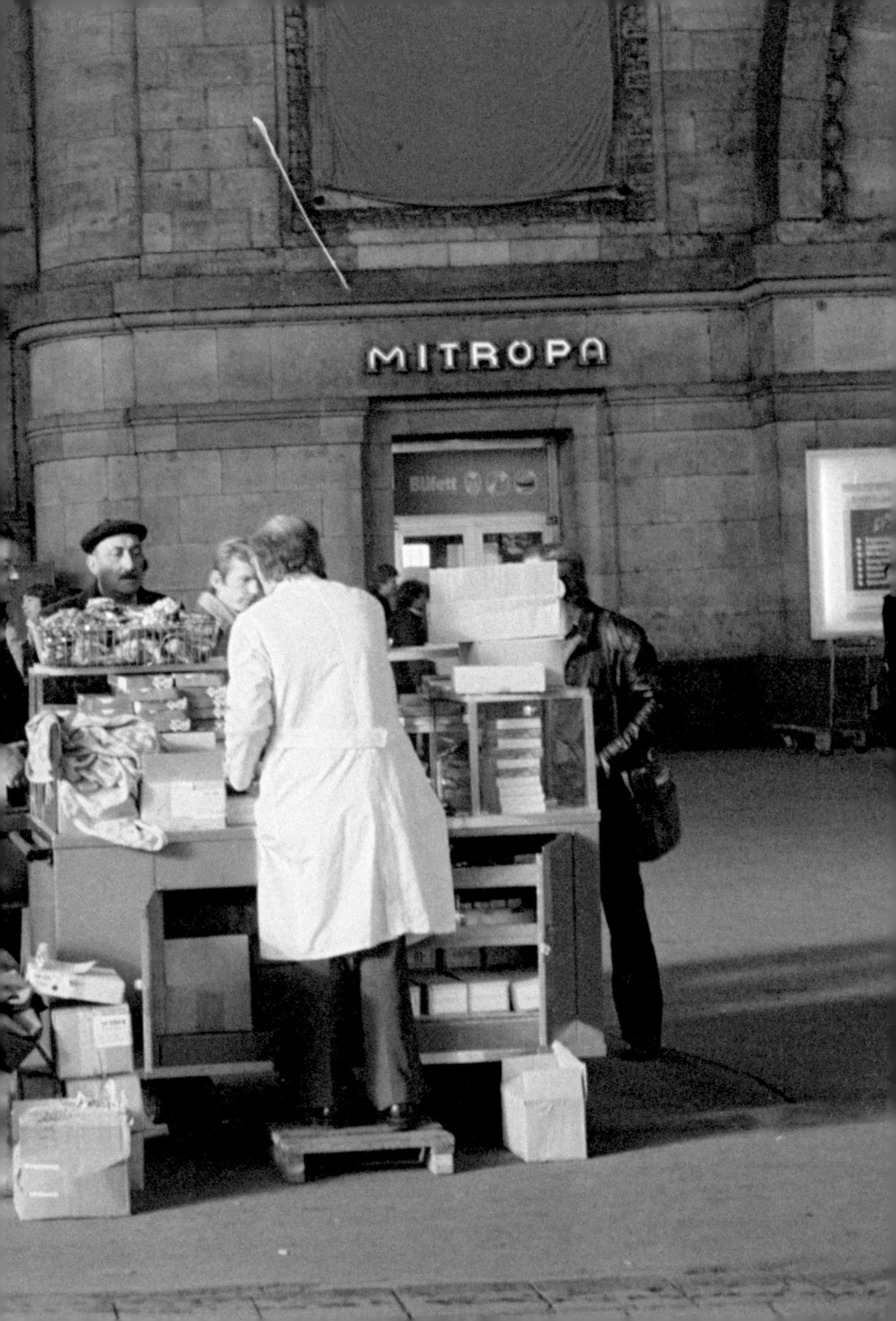
MITROPA
Büfett

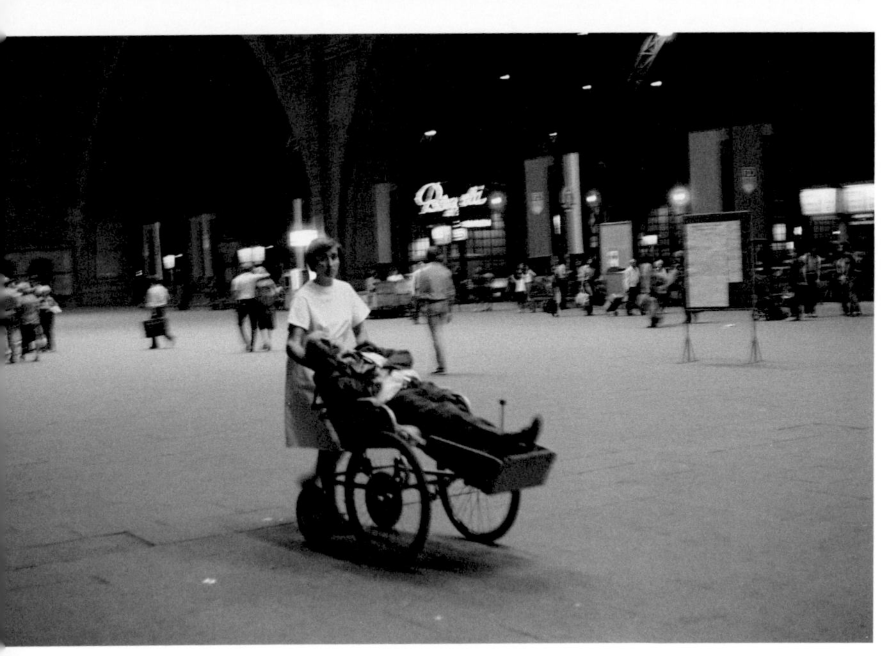

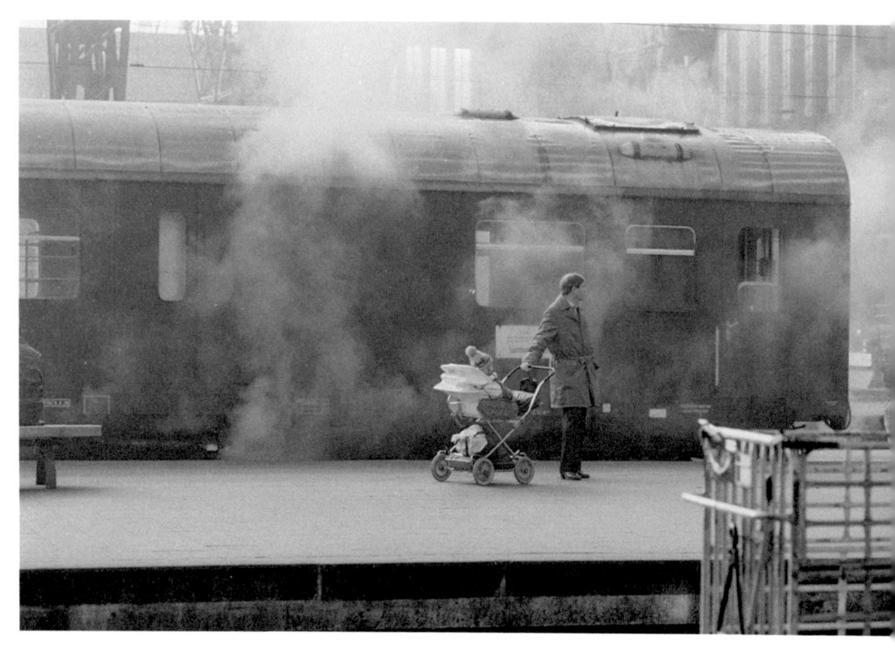

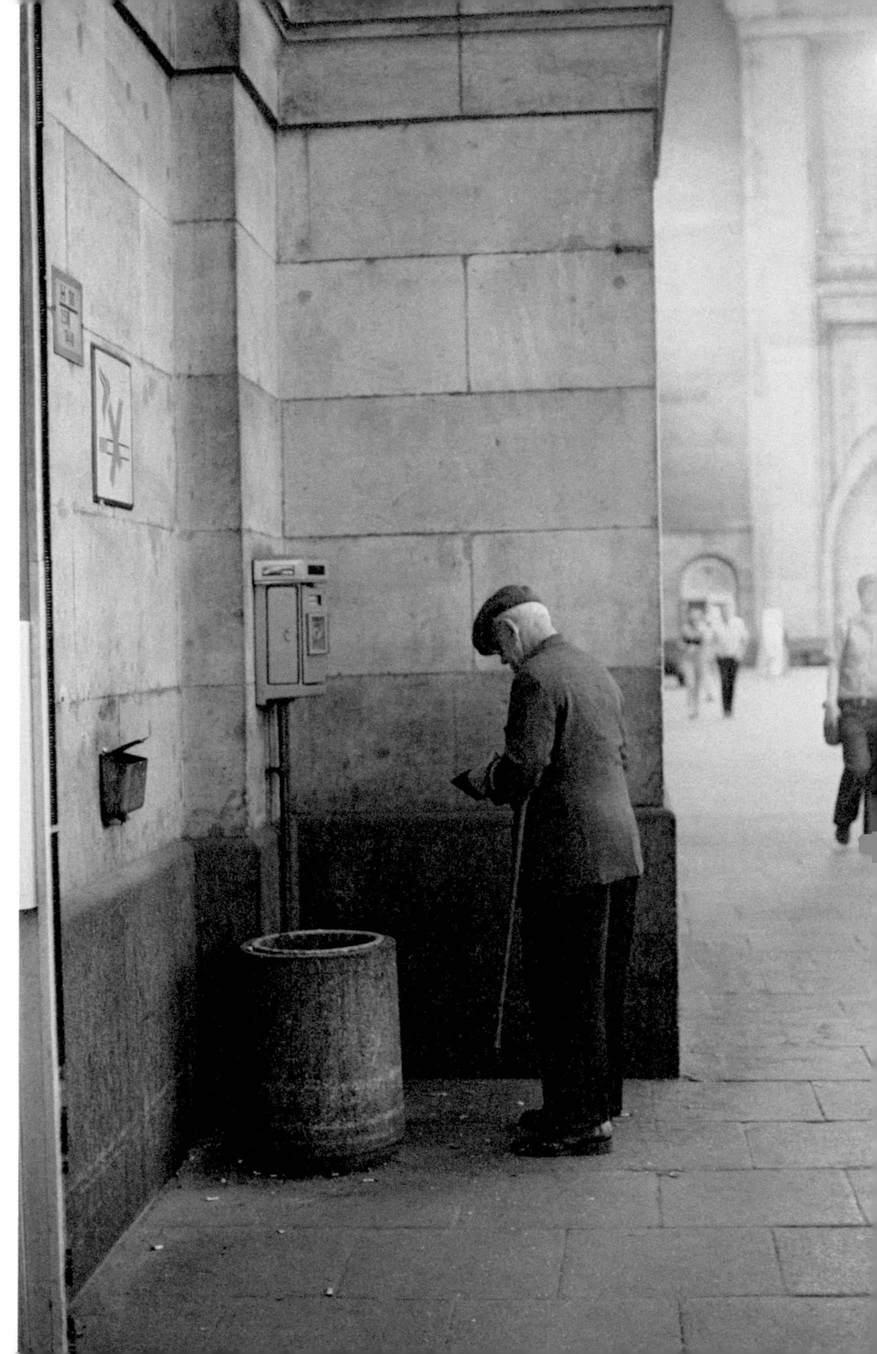

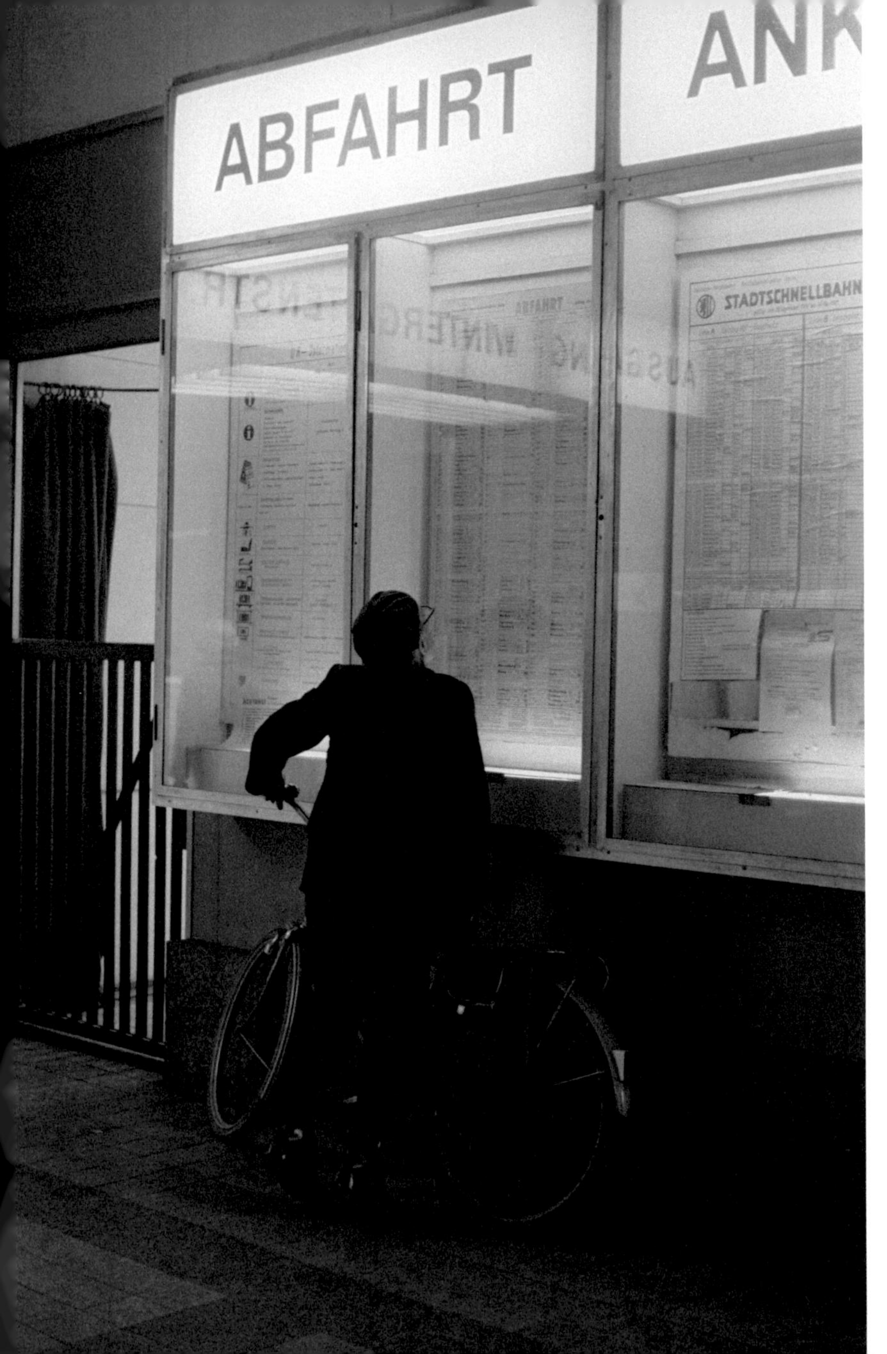
ABFAHRT
ANK
ABFAHRT
STADTSCHNELLBAHN

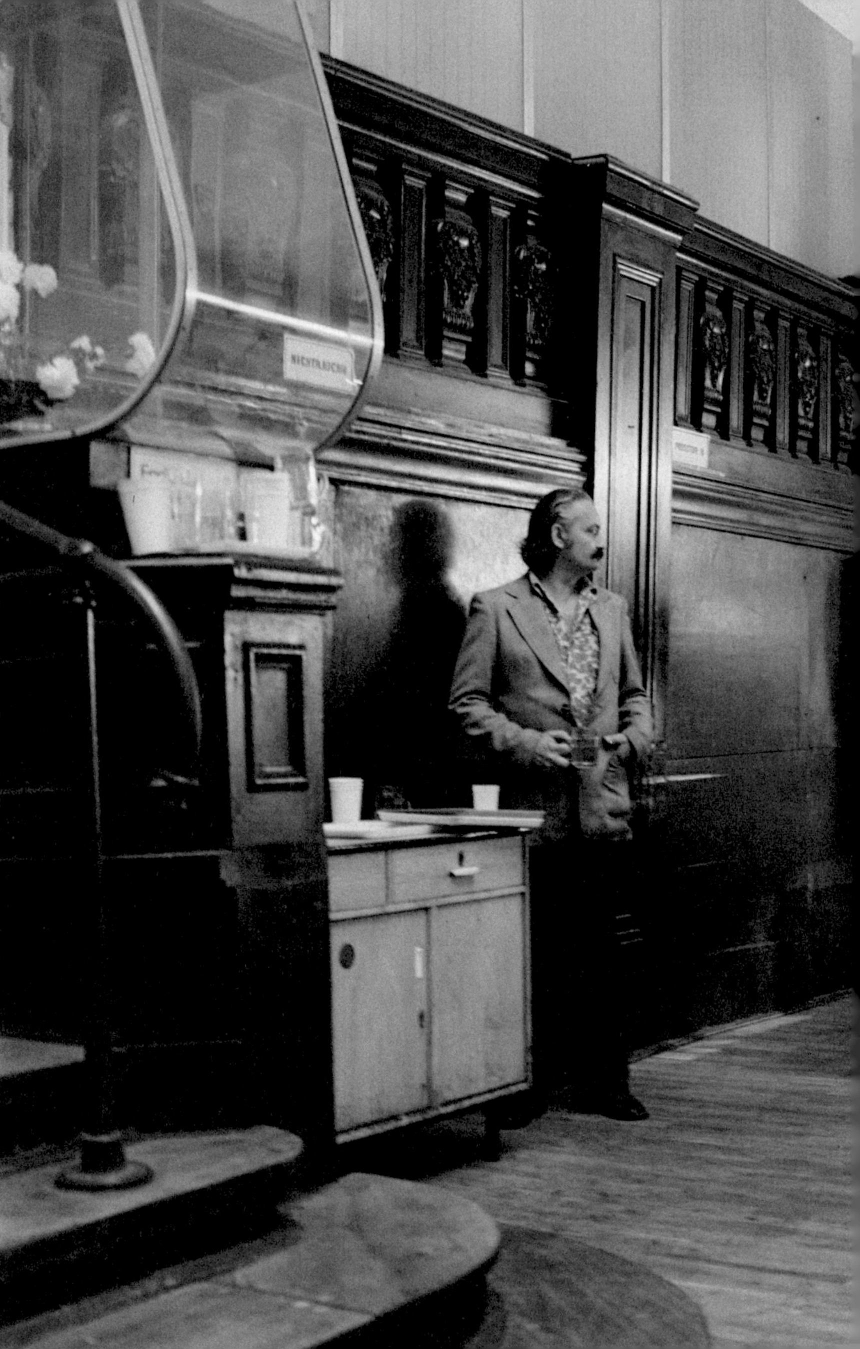

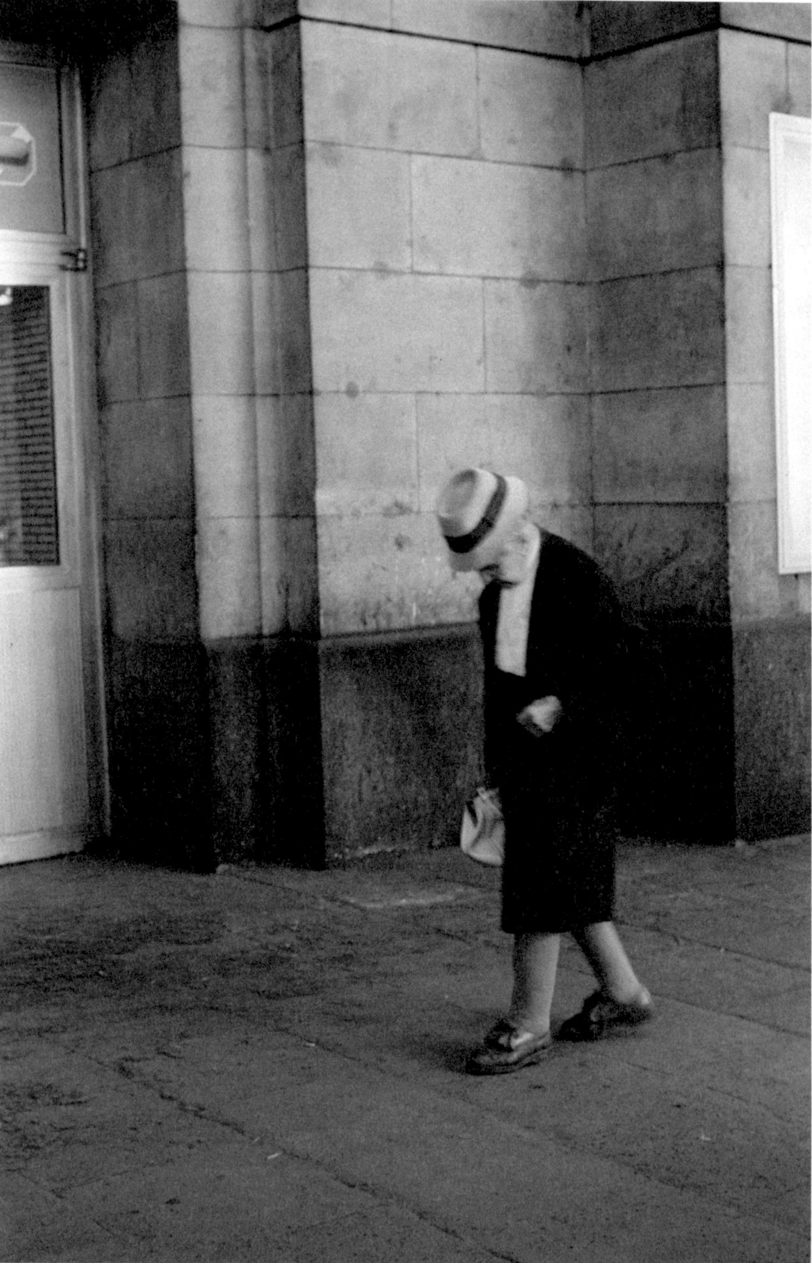

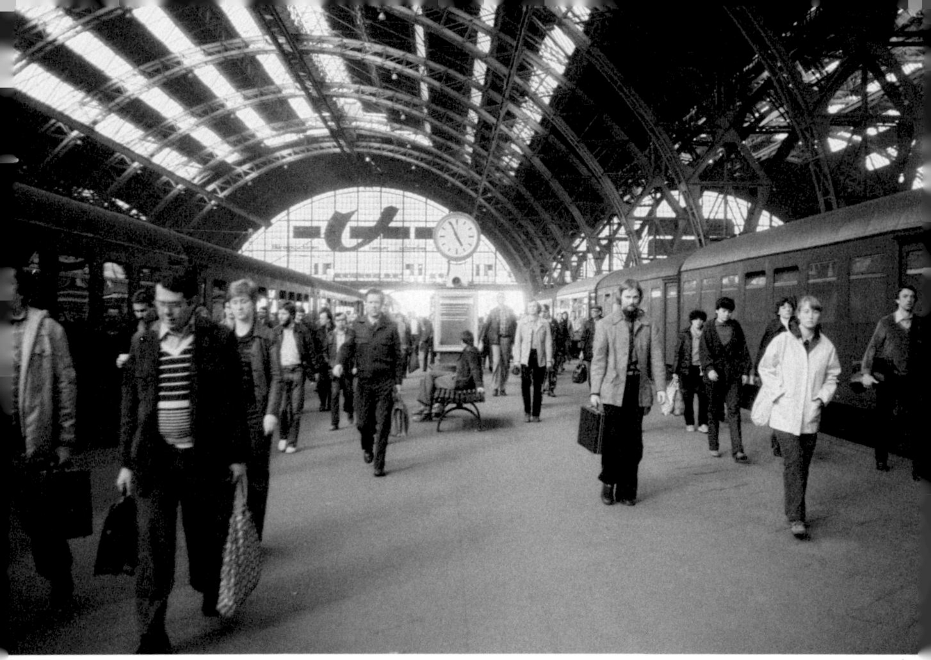

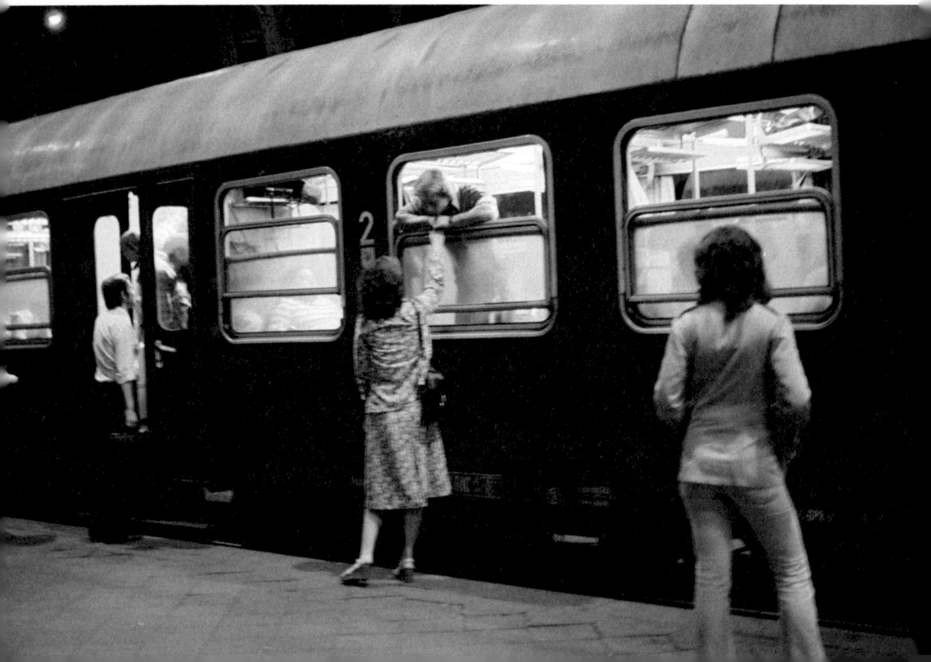

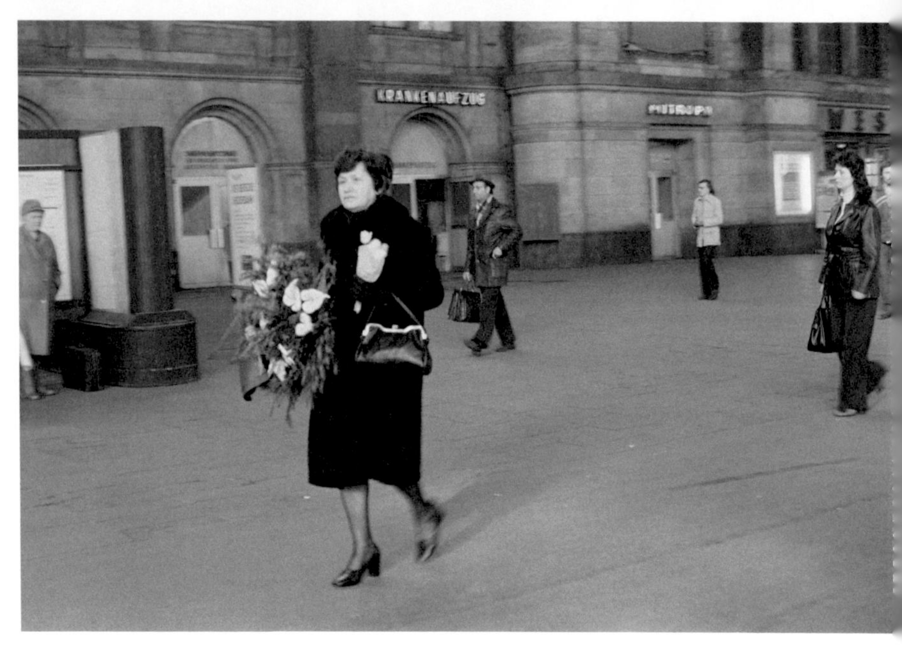
KRANKENAUFZUG

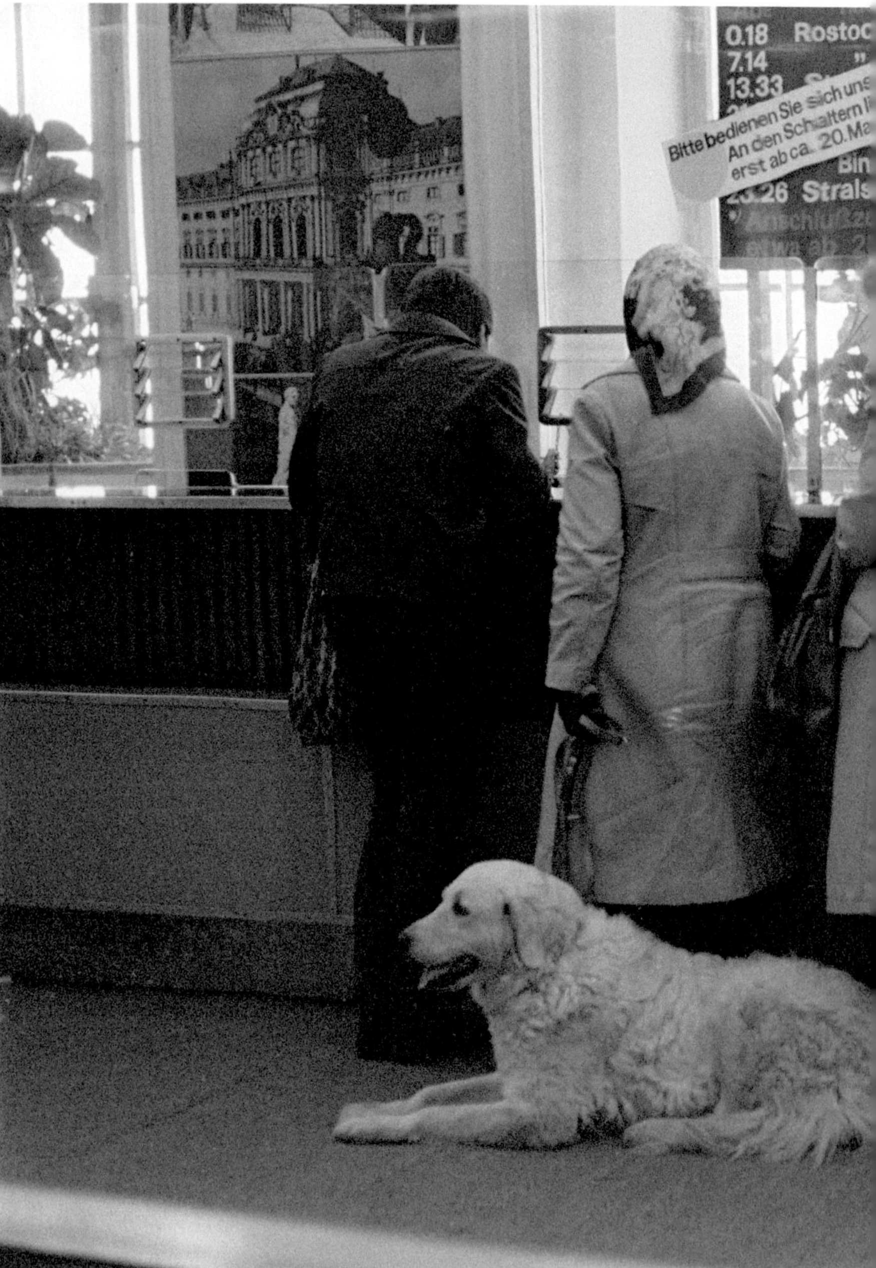
0.18 Rostoc
7.14
13.33
Bitte bedienen Sie sich uns
An den Schaltern li
erst ab ca. 20.Ma
Bin
26 Strals

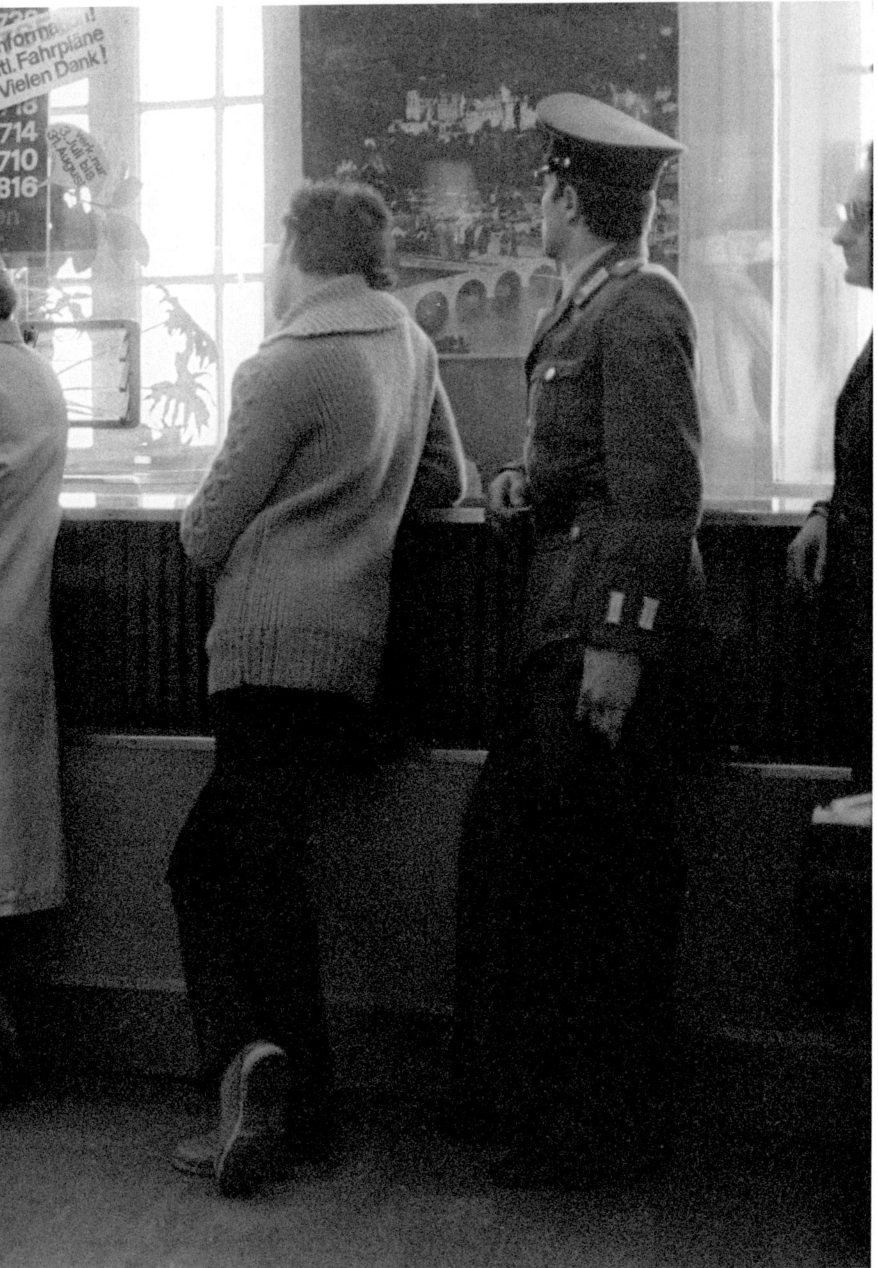
tl. Fahrpläne
Vielen Dank!
714
710
816
verk. nur
31. Juli bis
31. August

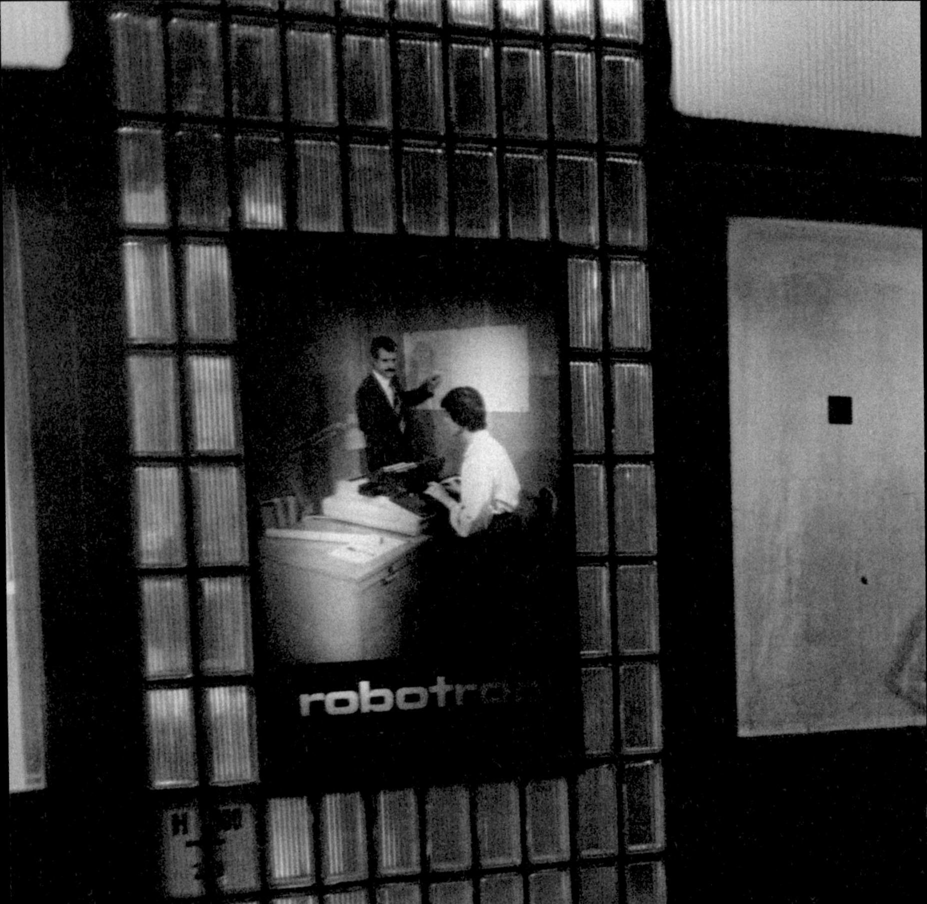

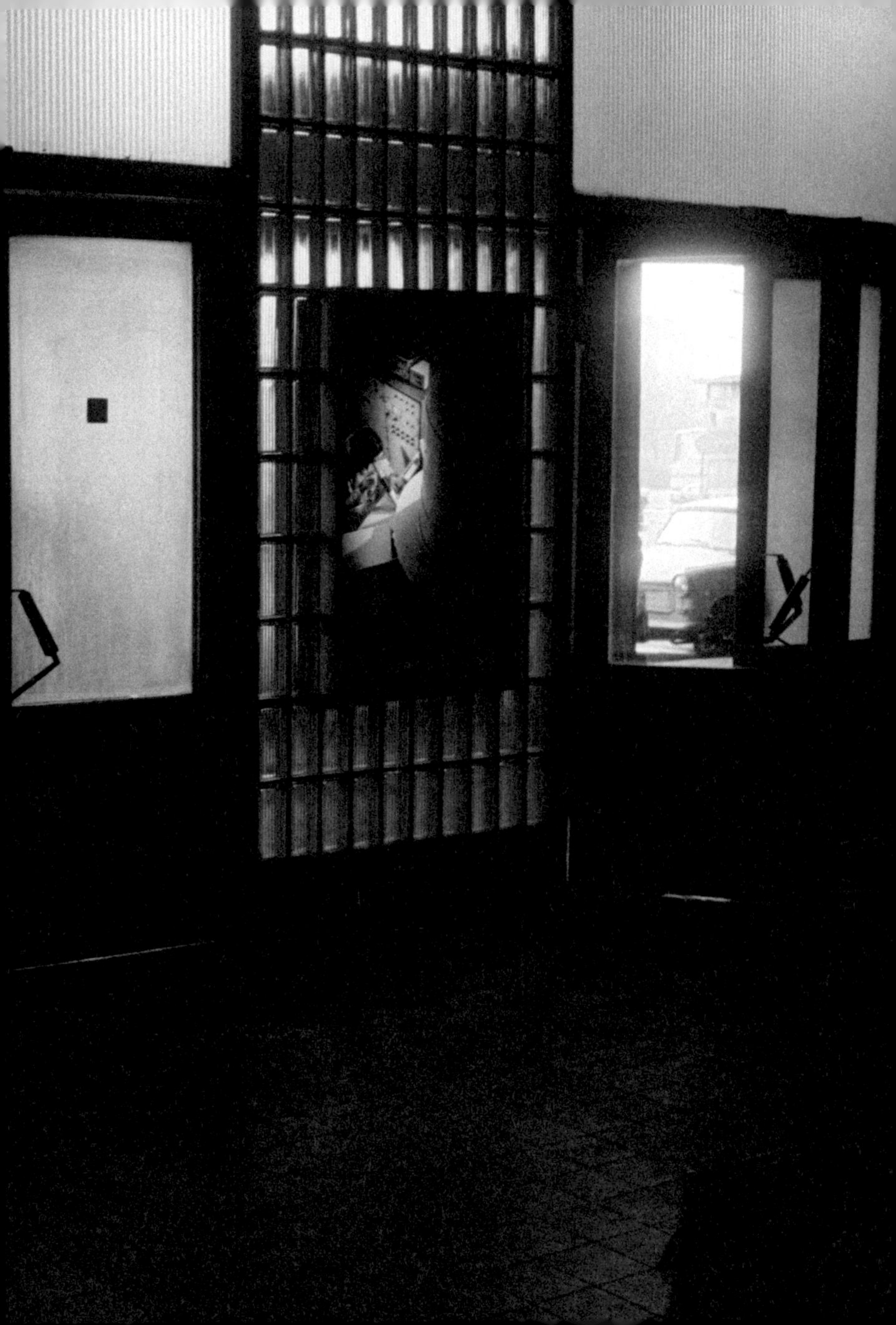

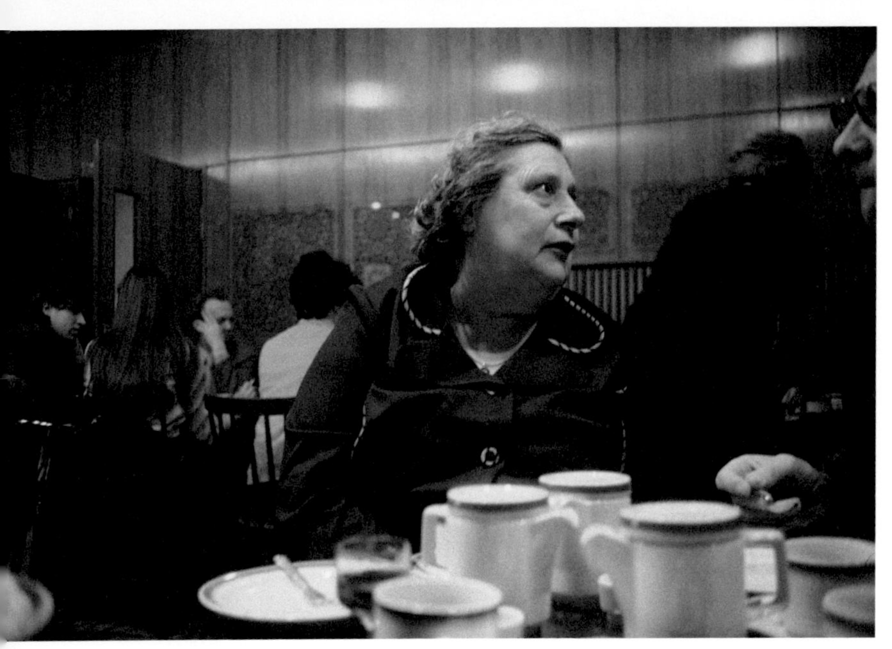

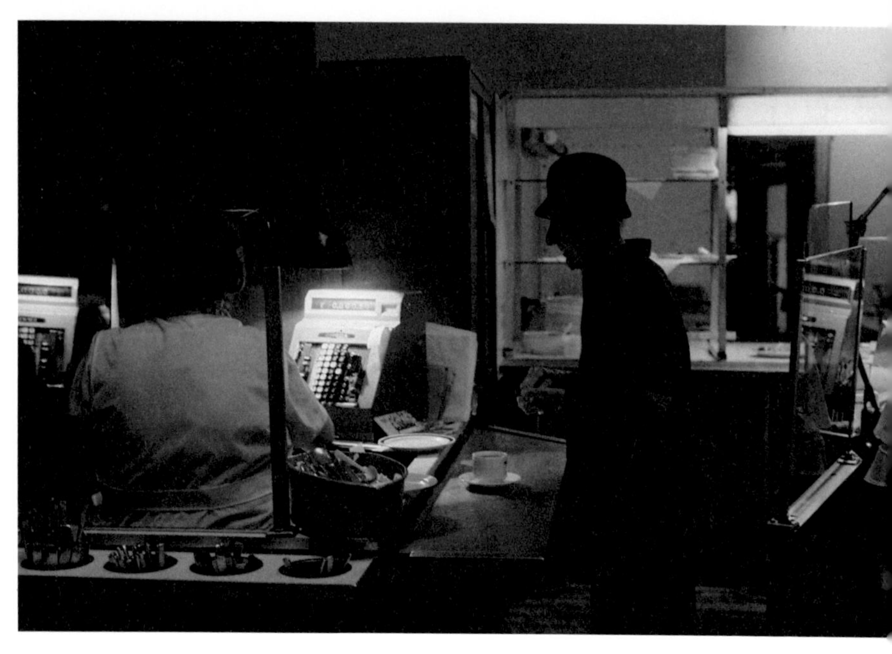

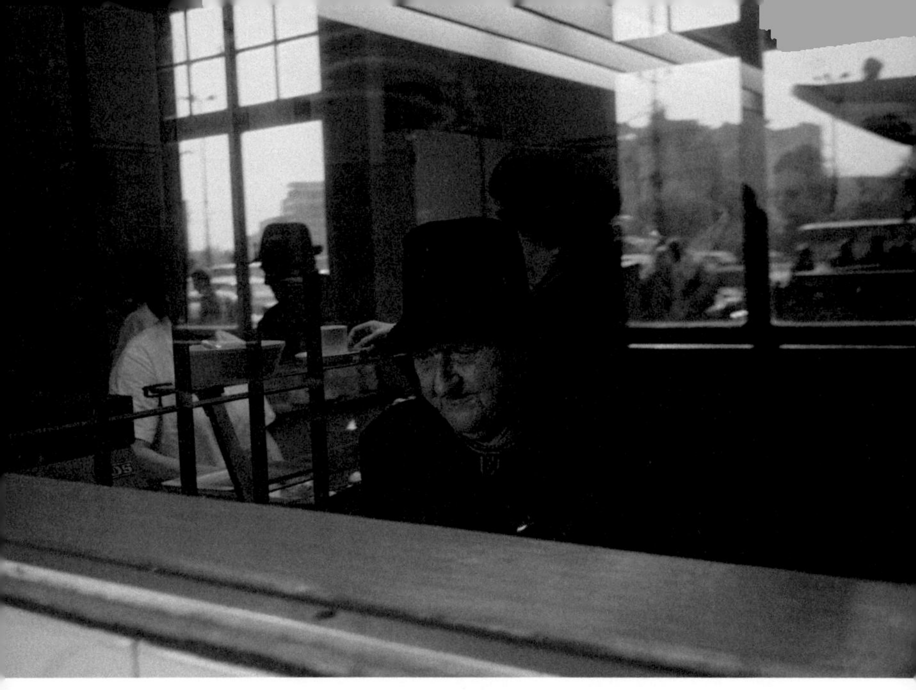

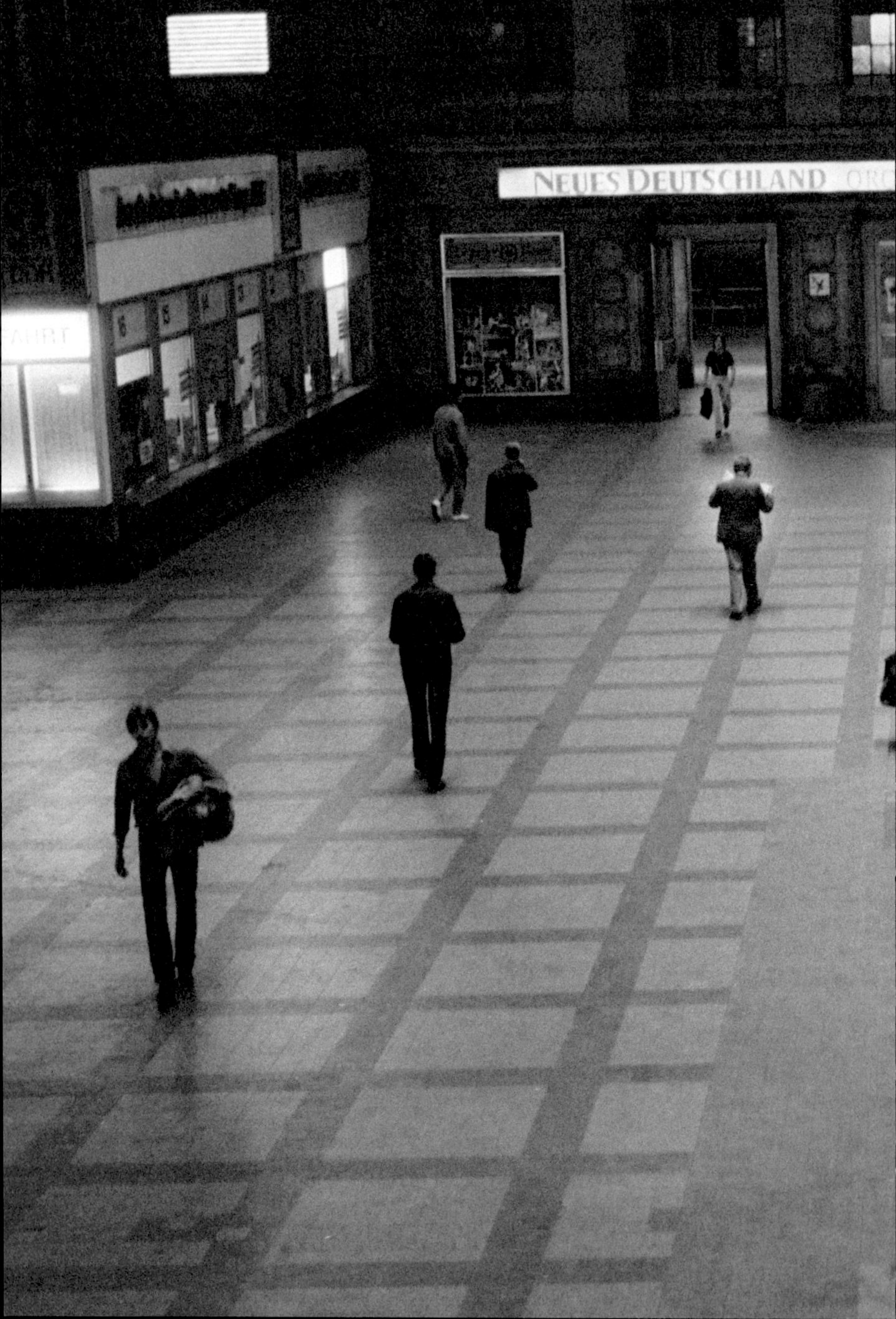
NEUES DEUTSCHLAND

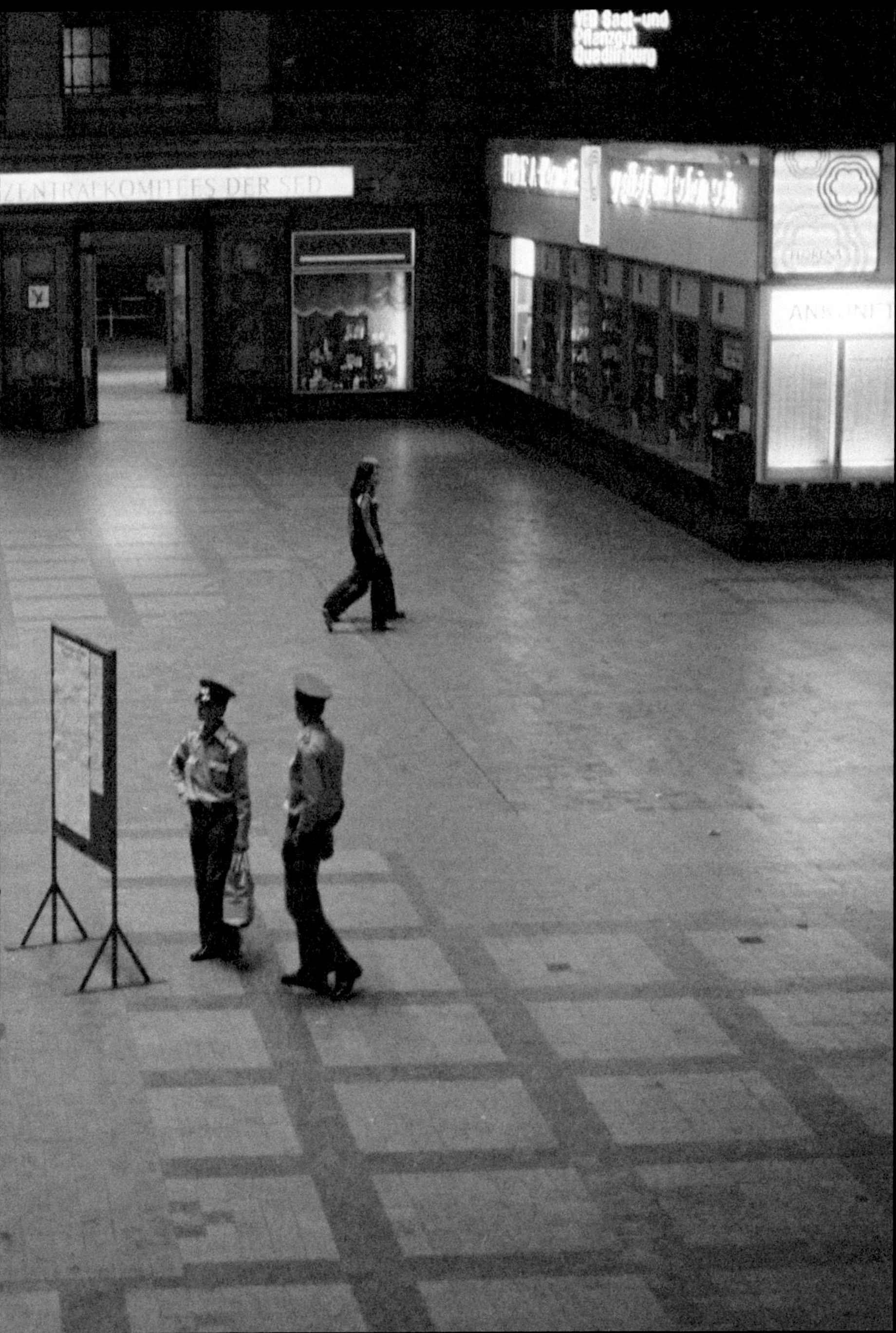
VEB Saat- und
Pflanzgut
Quedlinburg
ZENTRALKOMITEES DER SED

Im März 2019 fand sich in Vorbereitung der Ausstellung *Helga Paris. Fotografin*, Akademie der Künste Berlin, 9. November 2019 – 12. Januar 2020, eine mit „Leipziger Hauptbahnhof" beschriftete Schachtel. Sie enthält 76 Silbergelatine-Barytabzüge, offensichtlich Arbeitsabzüge, im Format 13 × 18 bzw. 18 × 13 cm. Helga Paris kann sich zu diesem Zeitpunkt nur dunkel an diese Aufnahmen erinnern.

Die hier vorgestellte Auswahl entspricht in der Mehrzahl den 1981/82 entstandenen Vergrößerungen. Ergänzt wurden sie um Motive, die der Fotografin nachträglich und vor allem unter dokumentarischen Aspekten bedeutsam erschienen. Alle zugrunde liegenden Scans wurden direkt von den Negativen erstellt.

Für die Ausstellung in der Akademie der Künste wurde eine Auswahl von 36 Motiven im Format 18 × 24 bzw. 24 × 18 cm in einer Auflage von drei Exemplaren unter Aufsicht von Helga Paris durch Robert Paris neu auf Baryt geprintet.

Inka Schube, Dezember 2019

Alles ganz normal – und doch besonders, in diesem Licht

Helga Paris fotografierte den Leipziger Hauptbahnhof 1981/82

Inka Schube

„Majestätisch und charaktervoll, so stellt sich der Hauptbahnhof zu Leipzig dar als künstlerisch geprägtes Sinnbild menschlicher Tatkraft. Er gehört zu den eindrucksgewaltigsten Monumenten der Baukunst aller Zeiten. Wir bewundern in ihm das Ehrenmal für eine der mächtigsten Errungenschaften der Kultur, errichtet im Geiste zweckvoller Schönheit und gebietender Würde. Vieles wäre zu sagen von der edlen Ruhe seiner Architektur, der noblen Ausschmückung wohlgegliederter Fassaden und Bogenhallen oder von der klug durchdachten technischen Anlage, die an Großartigkeit ihres gleichen sucht."
— Paul Daehne, 1925

Was für ein Ort. Was für eine Vielfalt an Leben, Geschichte und Geschichten, fotografiert in den Jahren 1981 und 1982 von Helga Paris. Alte und Junge, Elegante, Burschikose, Bedachte und Unbedachte sind hier, im vergangenheitsgesättigten Licht des Leipziger Hauptbahnhofes, anzutreffen: Da sind die, denen dieser Ort fast ein Zuhause ist, da sie hier arbeiten oder nur ein einsames anderes haben. Da sind die Wartenden, die in geübter oder ungeübter Eile, die von nah und die von fern. Da sind Liebes- und andere Paare, Freundinnen und Freunde, Eltern mit ihren Kindern und Großeltern mit ihren Enkeln, Kolleginnen und Kollegen, Krankenschwestern und ihre Schutzbefohlenen, Soldaten allein und unter sich, Menschen mit Tieren und Menschen ohne.

Jede Fotografie ein Bild, jedes Bild eine Vielzahl von Bewegungen, Berührungen, Energien, Erzählungen.

Der Bahnhof ist ein zentraler Ort der Moderne – Mobilität auf Schienen ist eine ihrer fundamentalen Grundlagen: Welthandel und Weltverkehr. Das weiß der Autor Uwe Johnson, wenn ihm der Tod eines Reichsbahn-Dispatchers zum Ausgangspunkt einer jahrzehntelangen Auseinandersetzung um konkurrierende gesellschaftspolitische Verfasstheiten von Moderne wird. Das weiß Ayn Rand, wenn sie an der literarischen Figur einer Eisenbahnunternehmerin radikalen Individualismus als einzig angemessene ethische Haltung in der Moderne postuliert. Und das weiß der Kunsthistoriker Austerlitz in der gleichnamigen Erzählung W. G. Sebalds, der Monumentalbauten wie solche Bahnhofsarchitekturen auf das ihnen eingeschriebenen Weltverständnis befragt.

> „Schon beim Eintritt besticht der zarte Zusammenklang delikater Farben. Das fein nüancierte warme Rot der Stuhlbezüge, der Goldton des durch hohe Gardinen abgeblendeten Tageslichtes, nicht minder am Abend der durch Seidenschirme magisch gedämpfte Schein der Leuchter und Tischlampen, die stille Farbenglut der Wandbilder, – alles dies verschmilzt wundervoll. Wie freudig gibt man sich der faszinierenden Anmut eines solchen stimmungsgesättigten Raumes hin! Nirgends hohler Prunk, aber dafür warme Behaglichkeit. Nirgends Blendwerk, dafür echtes Material in weiser Anordnung! Große

> Spiegel strahlen die vielen Lichtpunkte der Lüster zurück. Sie zeigen den Widerschein der Kristalle und Silbergeschirre, sie vervielfältigen die Fülle der Vasenblumen, die Arabesken der Wandmalerei, die exotischen Schnörkel spanischer Wände, sie vertiefen den matten Glanz weicher Teppiche."
> — Paul Daehne, 1925

Gebaut wurde der Leipziger Hauptbahnhof, ein Kopfbahnhof, nach Plänen der Architekten William Lossow und Max Hans Kühne und der Ingenieure Louis Eilers und Julius Karig. Ende 1915 feierlich der Öffentlichkeit übergeben, war er nach langjährigen Planungen als Gemeinschaftsprojekt der preußischen Eisenbahndirektion (Gleise 1 bis 13) und der Königlich Sächsischen Staatseisenbahnen (Gleise 14 bis 26) entstanden. Zehn Jahre zuvor war das neue Rathaus, drei Jahre zuvor die Deutsche Bücherei, zwei Jahre zuvor das Völkerschlachtdenkmal in Leipzig, zu dieser Zeit eine Stadt mit ca. 625.000 Einwohnern, eingeweiht worden. Man baute kolossal, während im niedersächsischen Städtchen Alfeld der junge Architekt Walter Gropius bereits an den Fagus-Werken, heute eine Inkunabel architektonisch-funktionaler Moderne, arbeitete und Wladimir Tatlin im fernen Moskau Konterreliefs für noch ganz andere neue Welten entwarf. Mit anderen Worten: Der Bahnhof war, nicht zuletzt aufgrund der langen Planungs- und Bauphase, zum Zeitpunkt der Schlusssteinlegung am 4. Dezember 1915 schon Symbol einer untergehenden Welt. 17 Monate dauerte der Krieg bereits, und im Oktober und November hatte es angesichts wachsender Lebensmittelknappheit Krawalle und Protestversammlungen im Kaiserreich gegeben.

> „Festlich-vornehm wirkt der Speisesaal mit reichgeschnitztem Büfett und blanken Glasschränken. Dieser herrliche Raum in Höhe der bereits oben erwähnten Rampen bildet die Brücke zwischen beiden Wartesälen. Er gilt als Muster erlesener, nobel ansprechender Innenarchitektur und löst in dem Besucher jene wohlige Stimmung aus, die für den Genuss von Gaben einer erstklassigen Küche und eines gutgepflegten Kellers recht empfänglich macht. [...] Feinsten intimen Reiz atmen einige Nebengemächer, die kleineren Gesellschaften eine trauliche Umwelt erschließen. Die reizenden Dekorationen mit stilisierten Reben und Trauben, die wirkungsvoll gemalten fremdländischen Vögel, das gediegene und bequeme Mobiliar, alles dies weckt das Gefühl des behaglich Abgeschlossenen und Anheimelnden."
> — Paul Daehne, 1925

Etwa 29 Jahre und viele Millionen Tote zweier Kriege später werden 1944 die West- und die Querbahnsteighalle weitestgehend zerstört. Im April 1945 kommt der Zugverkehr ganz zum Erliegen. Dass der Leipziger Bahnhof in nahezu originärer Form wiederersteht – 20 Jahre nimmt dies in Anspruch – verdankt sich dem Ansehen

Leipzigs als Messestadt und Schaufenster zur Welt.

> „Alles addiert, all das durchdacht, wird der Leipziger Hauptbahnhof – aus Ruinen neu, schöner entstanden – zu einem aussagekräftigen Symbol für das Aufbauwerk seit 1945, für den Elan, der Leipzigs fleißige Bürger beflügelt."
> — Leipziger Volkszeitung vom 9. September 1965

Helga Paris fotografiert hier in den frühen 1980er Jahren also eine alte Dame in neu gerichtetem Gewand. Dass sich manches geändert hat, ist nicht überraschend. Es gibt im Wartebereich keine vier Klassen mehr: Alle sind gleich. Die Speisekarte zählt nicht wie einst 120 Gerichte, aber jede und jeder wird hier wie auch immer satt. Dass um die Mitte der 1920er Jahre an Messetagen 500 Mitarbeiterinnen und Mitarbeiter der hiesigen Bahnhofswirtschaft den unterschiedlichsten Bedürfnissen von ca. 40.000 Tagesgästen gerecht zu werden bestrebt waren, ist allerdings kaum noch vorstellbar. Und natürlich funktioniert auch technisch inzwischen vieles anders. Doch noch immer dampfen Züge wie in den Filmen Billy Wilders, der, heißt es, die vielen Bahnhofsszenen gedreht habe im Gedenken an die Verwandten und Freunde, die im Nationalsozialismus von den Todeszügen der Deutschen Reichsbahn in Konzentrationslager deportiert worden waren.

Seitdem sind etwa vier Jahrzehnte vergangen. Die Älteren auf diesen Fotografien könnten dies noch bezeugen. Die etwa 70-Jährigen sind so alt wie das Gebäude selbst, und wer auf diesen Fotografien etwa 50 Jahre alt ist, war vielleicht als junger Mensch am Aufstand des 17. Juni 1953 beteiligt. Die Deutsche Reichsbahn, 1920 gemäß der Verfassung der Weimarer Republik als Zusammenschluss der Bahngesellschaften von acht Ländern gegründet, heißt, nun als Staatsbahn der Deutschen Demokratischen Republik, nach wie vor „Deutsche Reichsbahn".

Es ist die Art und Weise, wie sich die Zeitebenen auf diesen Fotografien durchdringen, ineinandergreifen, wie jede Person auf diesen Bildern als ein eigener, höchst individueller Kosmos erkennbar wird, die diese Bilder so aufregend machen. Da ist dieses wundervolle, fast metaphysische Licht. Da ist die Weite der Hallen, sind die steinernen Girlanden über den Treppenabgängen und in den Fensterbögen, da ist die Eleganz in diesem oder jenem Detail. Und da ist schlicht Alltägliches in vielen Nuancen.

Überall in der Welt sind Bahnhöfe Orte des Ungewissen, der Hoffnung, der Freude und des Schmerzes. Hier scheiden und finden sich Wege, kreuzen und verschieben sich Biografieverläufe und Schicksale – davon erzählt Krysztof Kieślowski in dem wunderbaren Film *Der Zufall möglicherweise* (polnisch *Przypadek*) aus dem Jahr 1981 (veröffentlicht 1987). In der Wahrnehmung der Fotografin Helga Paris, die eine besondere Sensibilität für die Fragilität des Seins besitzt, wird der Leipziger Hauptbahnhof zu einer Bühne des Lebens.

Da steht etwa die Frau, 75 Jahre mag sie alt sein, in Mantel und Mütze neben ihrem schweren Reisegepäck auf der Empore des Restaurants. Hinter und unter ihr, wie in weiter Ferne, sitzen die Speisenden in meist geselligen Runden: ältere Leute, Frauen mit Strickwesten und Kopftüchern, Männer mit schütterem Haar in einfachen Jacketts, große Koffer und Taschen neben sich. Über ihr, unter den hohen Gewölben, funkeln Kronleuchter in der Pracht wohlmeinenden Nachkriegs. Auf diesem Bild, in diesem Augenblick, ist sie – die Hand zur Faust geschlossen, wie man es manchmal tut, um sich selbst zu spüren – eine einsam erhabene Ratlose.

Da ist die junge blonde Frau im hellen Mantel zwischen entspannt Bier trinkenden Männern im Nichtraucher-‚Aquarium' der Mitropa (Mitteleuropäische Schlafwagen- und Speisewagen-Aktien-Gesellschaft, 1916 – 2004). Sie fühlt sich wohl und lächelt verhalten der Kamera entgegen, als erahne sie hinter ihr eine ähnlich Gesinnte.

Da ist die junge Kellnerin mit diesem ebenmäßig zeitlosen Gesicht und einer Frisur, wie sie in diesen Jahren viele tragen. Eine Hand in der Hüfte, die andere versonnen am Ausschnitt, ist sie in all ihrer Zartheit in diesem Moment des Innehaltens und Bei-sich-Seins unerreichbar für jede nur denkbare Unbill. Da ist das nicht mehr junge Paar in staubsicherer Eleganz, dessen Gesten sich einvernehmlich hoch oben auf dem Fahrplanaushang berühren. Da ist der Geschäftsmann auf Reisen: Ein wenig fremdelt er in der Umgebung. Man ist versucht, ihn zu fragen, woher und wohin und ob man denn helfen dürfe. Da ist die junge modebewusste Frau mit dem hell verpackten kleinen Mädchen, das nicht so schnell kann, wie es die Mama will oder muss. Da ist der einsame Soldat, spät in der Nacht müde wartend auf den letzten oder gar ersten Zug. Die ‚Russen' sind als Gruppe unterwegs und schwenken lustige Koffer, als wären sie Mitglieder einer Combo. Eine Dame ist auf dem Weg zu einer Trauerfeier. Vater und Sohn kommen vielleicht vom Arzt und haben es beide mit den Augen. Jemand wartet etwas genervt darauf, dass eine funktionierende Telefonzelle frei wird. Jemand anders handelt an einem für ihn viel zu hohen, improvisierten Verkaufsstand mit Dingen, für die sich offenbar zu dieser Stunde vor allem Männer interessieren.

Auch das fast vergessene Zeitkino (1950 – 1992) findet sich auf einem Bild. 1978, heißt es, habe es mehr als 300.000 Zuschauer gezählt. Die Zoolotterie verspricht Glück für eine halbe Mark, und weil so wenige danach verlangen, teilt sich der Losverkäufer die Langeweile mit einem Knaben, seinem Sohn vermutlich. Im Dienstzimmer des Bahnpersonals wird Kaffee getrunken, gelacht und telefoniert. Vor den Gepäckfächern treibt sich jemand herum, der gut und gerne für einen Ganoven gehalten werden könnte. In der Mitropa gibt es hartgekochte Eier, Hackepeter, Gurke und Buttercremetorte (und schon noch einiges mehr). Die, die hier arbeiten, machen es sich mit Scherzen nett. Hunde liegen entspannt neben dem Schlange stehenden Frauchen oder werden in aller Eile getragen, und Fahrpläne für den Sommer gibt es erst ab dem 20. Mai. Alles ganz normal eben – und doch besonders, in diesem Licht.

Helga Paris führt das Licht so, dass selbst noch der beschädigten Holztäfelung hinter der nicht viel weniger mitgenommen wirkenden, an ihr lehnenden Frau Aura und Würde zukommt.

Die Fotografin sagt, sie habe die Straßenfotografie im Theater erlernt, nicht während der Aufführungen, sondern in der vertrauensvollen Atmosphäre der Proben. Und: Sie habe im Theater fotografieren wollen wie auf der Straße – in der Bewegung, aus der Bewegung heraus.

Helga Paris belichtet auf dem Leipziger Hauptbahnhof zahlreiche Filme. Auf einigen Kontakten ist zu erahnen, dass sie unterwegs zu Freundinnen und Freunden war, zu Festen oder Konzerten, dem Internationalen Dokumentarfilmfestival oder der Buchmesse vielleicht. Außenansichten des Bahnhofs sind kaum zu finden. Sie fertigt Arbeitsabzüge im Format 18 × 13 bzw. 13 × 18 cm und legt sie in einer Schachtel ab.

Warum „Leipzig Hauptbahnhof“ erst jetzt eine Öffentlichkeit findet, ist schwer zu sagen.

Die frühen 1980er Jahre sind für die Fotografin angefüllt mit Arbeit. Helga Paris fotografiert seit ca. 15 Jahren. Sie hat sich ihren Zugang zum Medium in der Auseinandersetzung mit dem frühen russischen, dem italienischen und französischen Nachkriegskino, der Malerei, der Literatur und dem Theater autodidaktisch erarbeitet. Sie fotografiert in ihrer Nachbarschaft in dem zu dieser Zeit proletarisch geprägten Berliner Stadtbezirk Prenzlauer Berg, in den Ateliers und im Umkreis befreundeter Künstlerinnen und Künstler und Autoren und Autorinnen. Elke Erb, Adolf Endler, Christa und Gerhard Wolf und die junge Dichterszene des Berliner Ostens zählen dazu. 1980 erarbeitet sie für ein Buchprojekt eine umfangreiche Serie in Siebenbürgen. Eine Auswahl wird in der zu dieser Zeit unter Leitung von Stefan Orendt legendären Galerie Sophienstraße 8 in Berlin-

Lichtenberg gezeigt. 1981/82 entstehen im Umfeld der Freundinnen und Freunde ihrer Kinder die Bilder der Berliner Jugendlichen. Das frontale Porträt hatte sie schon 1980 in Siebenbürgen für sich entdeckt. In den Fotografien der Jugendlichen und in der Arbeit *Halle. Häuser und Gesichter*, an der Helga Paris in den Jahren von 1983 bis 1985 arbeitet, wird es zu einem zentralen Thema.

Vielleicht erklärt sich das nachlassende Interesse an dem Leipzig-Material aus dieser anderen Fokussierung. Zudem werden 1981 in der Galerie der Leipziger Hochschule für Grafik und Buchkunst Porträts August Sanders gezeigt. Indirekt mag dies auch ihre Arbeitsweise beeinflusst haben. Vielleicht war ihr Leipzig als Ort in jenen Jahren auch einfach nicht interessant genug, um sich gegen andere, wichtiger erscheinende Projekte zu behaupten. Wie auch immer: Jetzt ist es da, dieses Buch, eine Flaschenpost aus der Tiefe der jüngeren Geschichte.

LITERATUR

Uwe Johnson, *Mutmaßungen über Jakob*, 1959, und *Jahrestage*, 1970 – 1983; Ayn Rand, *Atlas Shrugged*, 1957; W. G. Sebald, *Austerlitz*, 2001; Erich Naumann (Hg.), Ernst Hoenisch (Fotografien), Paul Daehne (Text), *Die Hauptbahnhofswirtschaft zu Leipzig in Wort und Bild*, nebst einer *Darstellung der Leipziger Eisenbahnen seit ihrem Ursprung*, 1925 (mit Dank an Jürgen vom Scheidt, München, für die freundliche Bereitstellung); *Leipziger Volkszeitung*, 9. September 1965 zitiert nach https://de.wikipedia.org/wiki/Leipzig_Hauptbahnhof#Nachkriegszeit; Daniel Hermsdorf, *Billy Wilder: Filme, Motive, Kontroverses*, 2006.

In March 2019, during preparations for the exhibition Helga Paris, Photographer at the Akademie der Künste Berlin (November 9, 2019 – January 12, 2020), a box was found bearing the label "Leipziger Hauptbahnhof" (Leipzig Central Station). It contained seventy-six gelatin silver baryta prints—evidently working prints—in the formats 13 × 18 and 18 × 13 cm. Helga Paris has only a dim recollection now of having taken these photographs.

While the selection presented here mostly consists of enlargements produced in 1981 / 82, it also includes motifs that the photographer subsequently saw as significant, particularly in terms of their documentary value. The scans that are used as a basis here were created directly from the negatives.

A selection of thirty-six motifs in the 18 × 24 or 24 × 18 cm format was reprinted for the exhibition at the Akademie der Künste. They were produced by Robert Paris in an edition of three baryta prints under the supervision of Helga Paris.

Inka Schube, December 2019

All quite normal—and yet special in this light

Helga Paris's Photographs of Leipzig Central Station 1981/82

Inka Schube

> "Majestic and full of character, Leipzig's central train station is an artistically wrought symbol of human enterprise. It is one of the most impressive architectural monuments of all time. A marvel to be wondered at, it memorializes one of culture's most powerful achievements. It is a building informed by functional beauty and a sense of imperious dignity. Much could be said of the stately serenity of its architecture, of the noble ornamentation of its well-articulated facades and arcaded halls, or of its brilliantly conceived technical fixtures, whose greatness is unparalleled."
> — Paul Daehne, 1925

What a place. What a panoply of life, of history, what an array of stories, as captured in photographs by Helga Paris in 1981 and 1982. The old and the young, the elegant, the tomboyish, the cautious and incautious are found here in Leipzig's central train station, where the very light is replete with history: here they are, those for whom this place is almost a home, because they work here or because their only other home is a lonely one. Here are the waiting, those in practiced or unpracticed haste, those from nearby and from far away. Couples in love or just couples, friends both female and male, parents with their children and grandparents with their grandchildren, colleagues, nurses and their charges, soldiers alone and in groups, people with animals and without. Every photograph is an image, every image a multitude of movements, contacts, energies, tales.

The train station is a key location in the modern era—mobility on rails is one of its fundamental principles: international trade and international transportation. The author Uwe Johnson is aware of this when the death of a railway dispatcher from the Deutsche Reichsbahn becomes the starting point for a decades-long effort to come to terms with the competing sociopolitical compositions of modernity. Ayn Rand is aware of this when she postulates that the radical individualism to be found in the literary character of a railroad entrepreneur is the only appropriate ethical stance in the modern era. And the art historian Austerlitz in the eponymous story by W. G. Sebald is aware of this when he examines monumental buildings, as represented by this kind of train station architecture, questioning the understanding of the world inscribed in them.

> "As soon as one enters, one is captivated by the sweet harmony of delicate colors. The subtly nuanced warm red of the upholstery of the chairs, the golden shade of the daylight dimmed by tall curtains, no less so in the evening, with the light magically muted by the silk shades of chandeliers and desk lamps, the quiet glow of the colors of the murals—all of this blends wonderfully. How joyfully one gives in to the fascinating grace of a space so imbued with atmosphere! Nowhere hollow pomp, but instead warm coziness. Nowhere trickery, but instead genuine material wisely arranged! Large mirrors reflect back the

> many points of light from the chandeliers. They reveal the reflected light of the crystals and silver tableware; they multiply the abundance of the flowers in vases, the arabesques of the murals, the exotic scrollwork of Spanish walls; they deepen the matte gleam of white carpets."
> — Paul Daehne, 1925

Leipzig's central station, a terminus design, was built according to plans drawn up by the architects William Lossow and Max Hans Kühne and the engineers Louis Eilers and Julius Karig. Ceremonially opened in late 1915, it had been planned for years as a joint project of the Prussian railway division (Tracks 1 to 13) and the Royal Saxon State Railways (Tracks 14 to 26). The new city hall in Leipzig had been dedicated ten years earlier; the German Library, three years earlier; and the Monument to the Battle of the Nations, two years earlier. At the time, the city had a population of around 625,000 residents. This architecture was colossal; meanwhile, in the small town of Alfeld, in Lower Saxony, the young architect Walter Gropius was already working on the Fagus Factory, now regarded as an icon of functional modernist architecture, and Vladimir Tatlin, far away in Moscow, was designing "counter-reliefs" for yet other, very different new worlds. In other words, this train station was—not least because of the length of its planning and building phase,—already a symbol of a world in decline when the cornerstone was laid on December 4, 1915. By then, the war had been underway for seventeen months, and in October and November there had been riots and protests in the German Empire because of worsening food shortages.

> "The dining hall, with its ornately carved buffet and cabinets with polished glass, looks festive and grand. This magnificent space, the same height as the aforementioned ramps, forms the bridge between the two waiting rooms. It is a model of exquisite, noble, appealing interior architecture and elicits in the visitor that feeling of a comfortable atmosphere that makes one quite receptive to enjoying the offerings of first-class cuisine and a well-stocked cellar. [...] Several side rooms, which offer a cozy environment for smaller parties, breathe the most delicately intimate charm. The delightful decorations with stylized vines and grapes, the convincingly painted exotic birds, the tasteful and commodious furniture—all these things evoke the feeling of the comfortably secluded and homey."
> — Paul Daehne, 1925

Some twenty-nine years later, after the deaths of many millions in two world wars, the western hall and the hall connecting the platforms were largely destroyed in 1944. In April 1945, train traffic was halted completely. Thanks to the city's reputation as a site of trade fairs and a shop window for the world, Leipzig's train station was rebuilt in more or less its original form—a process that took twenty years.

> "Everything added up, everything thought through, Leipzig's central station—newly emerged from the ruins in even greater beauty—has become an expressive symbol of the rebuilding work since 1945, of the vigor that spurs on Leipzig's hard-working citizens today."
> — *Leipziger Volkszeitung*, September 9, 1965

Thus it was that in the early 1980s Helga Paris photographed an elderly lady in the station in its restored state. It is not surprising that some things have changed. There are no longer four classes in the waiting room. Everyone is equal. The menu no longer offers 120 dishes, as it once did, but everyone always gets enough to eat, one way or another. It is, however, difficult to imagine now that in the mid-1920s five hundred employees in the station restaurant worked to satisfy the various needs of around forty thousand guests on days when the trade fair was open. And, of course, much of the technology has changed in the meantime. There were still steam engines, as in the films of Billy Wilder, who, it is said, shot many train station scenes here in memory of the relatives and friends the Nazis had deported to the concentration camps in the death trains of the Deutsche Reichsbahn.

Around four decades have passed since then. The older people in these photographs could still have borne witness to that. Those around seventy are as old as the building itself, while anyone who is around fifty in these photographs may have taken part as a young adult in the uprising of June 17, 1953. The Deutsche Reichsbahn, founded in 1920, in accordance with the constitution of the Weimar Republic, as a merger of the railway companies of eight German states, continued to operate under this name even when it became the state railway of the German Democratic Republic.

It is the way the levels of time intermesh in these photographs, the way each person is recognizable as their own, highly individual cosmos, that makes the images so thrilling. There is this wonderful, almost metaphysical light. There is the expanse of the halls, the stone garlands above the stairwells and in the window arches; there is the elegance in this or that detail. And there is the simple ordinariness in many nuances.

Everywhere in the world, train stations are sites of the uncertain, of hope, of joy, and of pain. Here people part ways or find one another; the courses of biographies and fates intersect and shift—Krzysztof Kieślowski tells of this in the wonderful 1981 film *Blind Chance* (Polish: *Przypadek*; released in 1987). As seen by the photographer Helga Paris, who is particularly sensitive to the fragility of being, Leipzig's central train station becomes a stage of life.

For example, a woman, who is perhaps around seventy-five, is standing in coat and cap next to her heavy luggage on the gallery of the restaurant. Behind and below her, as if at a distance, sit the diners, most of them in convivial groups: older people, women in cardigans and headscarves, men with thinning hair in simple jackets, with large suitcases and bags next to them. Above her, beneath the high vaulted ceiling, chandeliers glimmer in the splendor of the well-meaning postwar era. In this photograph, at this moment, she is—with her hand clenched into a fist, as one does sometimes, in order to feel oneself—solitary, sublime, at a loss.

There is the young blonde in a light-colored coat between two men casually drinking beer in the nonsmoking "aquarium" of Mitropa, the company that operated the sleeping and dining cars on German railways from 1916 to 2004. She is feeling good and smiles discreetly at the camera, as if sensing a like-minded person behind it.

There is the young waitress with her well-proportioned, timeless face and voguish hairstyle. One hand on her hip, the other held pensively at her neckline, for all her tenderness at this moment of pausing and reflecting, she is beyond the reach of anything untoward that might conceivably come her way. There is the immaculately elegant couple, no longer in the first flush of youth, whose pointing fingers touch amicably near the top of the timetable noticeboard. There is the traveling businessman, who seems a bit estranged from his surroundings. One is tempted to ask him where he has come from and where he is going and whether he needs help. There is the young, fashion-conscious woman with the small girl wrapped up radiantly, who is not able to walk as quickly as her mom wants or needs her to. There is the lone soldier, tired, waiting late at night for the last or even the first train. The "Russians" are out and about in a group and merrily swing their suitcases as if they were members of a musical combo. One woman is on her way to a funeral. The father and son are perhaps coming from the doctor, and both have eye problems. Someone is waiting impatiently for a working telephone booth to become free. Someone else, at an improvised stand that is much too high for him, is selling things that are clearly primarily of interest to men at this hour.

The now almost forgotten Zeitkino (a cinema from 1950 to 1992) appears in one photograph. In 1978, they say, its audiences totaled 300,000 for the year. The Zoo lottery promises good luck for half a mark, but because demand is so low, the bored ticket vendor kills time with a boy, probably his son. In the staff lounge, the station personnel are drinking coffee, laughing, and phoning. Someone is hanging out in front of the luggage locker who could easily be taken for a crook. The Mitropa offers hardboiled eggs, pork tartare, pickles, and buttercream cake (and much more). Its staff are joking and having a good time. Dogs are lying relaxed next to women standing in line or are being carried in a hurry. The timetables for the summer will not be published until May 20. That is to say, everything is quite normal—and yet special, in this light.

Helga Paris directs the light in such a way that even the damaged wood paneling behind the woman leaning against it, who is looking equally worn, acquires an aura and dignity.

The photographer says she learned street photography in the theater, not during performances but in the familiar atmosphere of rehearsals. And she says she wanted to take photographs in the theater as on the street—in movement, on the move, spontaneously.

Helga Paris shot many rolls of film in Leipzig's central station. On several contact prints, one senses that she was out with friends, at parties or concerts, at the international documentary film festival or the book fair, perhaps. There are hardly any exterior views of the train station. She made working prints in the format 13 × 18 or 18 × 13 cm and placed them in a box. It is difficult to say why *Leipzig Hauptbahnhof* (Leipzig Central Station) is only finding an audience now.

The early 1980s were a busy period for the photographer. Helga Paris had been taking photographs for around fifteen years. She taught herself to work with the medium, coming to it from her study of the early post-war cinema of the Soviet Union, Italy, and France, of painting, of literature and the theater. She photographed in her neighborhood, in the then largely working-class Prenzlauer Berg district of Berlin, in the studios and circles of her artist and writer friends, who included Elke Erb, Adolf Endler, Christa and Gerhard Wolf, and the young poets' scene of East Berlin. In 1980, she took an extensive series of photographs in Transylvania for a book project. A selection of them was shown at the time in Stefan Orendt's legendary Galerie Sophienstrasse 8 in Berlin-Lichtenberg. In 1981–82, she took pictures of her children's friends for *Berliner Jugendliche* (Berlin Youth). She had already discovered the frontal portrait in Transylvania in 1980, but in the photographs of young people and in *Halle: Häuser und Gesichter* (Halle: Buildings and Faces), on which Helga Paris worked from 1983 to 1985, it became a central theme.

Perhaps this change in focus explains the declining interest in her Leipzig work. Moreover, in 1981, the gallery at the Academy of Fine Arts in Leipzig put on an exhibition of August Sander's photographs. That may also have influenced her work indirectly. Perhaps, too, the Leipzig of those years just did not interest her enough to assert itself over other projects. Be that as it may, now it is here, this book, a message in a bottle from the deep waters of recent history.

BIBLIOGRAPHY

Uwe Johnson, *Mutmassungen über Jakob*, 1959 (*Speculations about Jakob*, trans. Ursule Molinaro, 1963), and *Jahrestage*, 1970–83 (*Anniversaries*, trans. Leila Vennewitz, abridged, 1975); Ayn Rand, *Atlas Shrugged*, 1957; W. G. Sebald, *Austerlitz*, 2001 (trans. Anthea Bell, 2002); Paul Daehne (text) and Ernst Hoenisch (photographs), *Die Hauptbahnhofswirtschaft zu Leipzig in Wort und Bild, nebst einer Darstellung der Leipziger Eisenbahnen seit ihrem Ursprung*, ed. Erich Naumann, 1925 (I am grateful to Jürgen vom Scheidt of Munich for kindly lending me a copy); *Leipziger Volkszeitung*, September 9, 1965, quoted in https://de.wikipedia.org/wiki/Leipzig_Hauptbahnhof#Nachkriegszeit; Daniel Hermsdorf, *Billy Wilder: Filme, Motive, Kontroverses*, 2006.

IMPRESSUM / *COLOPHON*

Helga Paris – Leipziger Hauptbahnhof 1981/82

HERAUSGEGEBEN VON / *EDITED BY:*
Inka Schube

LEKTORAT / *PROOFREADING*:
Jan-Frederik Bandel, Simon Cowper

ÜBERSETZUNG / *TRANSLATION:*
Steven Lindberg

GESTALTET VON / *DESIGNED BY:*
Malin Gewinner

BILDBEARBEITUNG UND DRUCK / *LITHOGRAPHY AND PRINTING:*
DZA Druckerei zu Altenburg GmbH

VERÖFFENTLICHT VON / *PUBLISHED BY*
Spector Books
Harkortstraße 10
04107 Leipzig
spectorbooks.com

DISTRIBUTION / *DISTRIBUTION:*
Deutschland, Österreich / *Germany, Austria*
GVA, Gemeinsame Verlagsauslieferung Göttingen GmbH & Co. KG,
www.gva-verlage.de

Schweiz / *Switzerland*
AVA Verlagsauslieferung AG,
www.ava.ch

Frankreich, Belgien / *France, Belgium*
Interart Paris,
www.interart.fr

Großbritannien / *UK*
Central Books Ltd,
centralbooks.com

USA, Kanada, Mittel- und Südamerika, Afrika / *USA, Canada, Central and South America, Africa*
ARTBOOK / D.A.P.,
www.artbook.com

Süd Korea / *South Korea*
The Book Society,
thebooksociety.org

Australien, Neuseeland / *Australia, New Zealand*
Perimeter Distribution,
perimeterdistribution.com

ZWEITE AUFLAGE / *SECOND EDITION*
Printed in Germany

ISBN
978-3-95905-324-2